Susanne Schaber

Lesereise Istrien und Kvarner Bucht

Susanne Schaber

Lesereise Istrien und Kvarner Bucht

Wo der Stein blüht

Picus Verlag Wien

Klimaneutral
Druckprodukt
ClimatePartner.com/14924-2112-1008

FSC
www.fsc.org
MIX
Papier | Fördert gute Waldnutzung
FSC® C004378

Grafische Gestaltung: Dorothea Löcker, Wien
Umschlagabbildung:
© EXTREMFOTOS / Adobe Stock
Druck und Verarbeitung:
EuroPB, s.r.o., Tschechische Republik
ISBN 978-3-7117-1117-5

Informationen über das aktuelle Programm
des Picus Verlags und Veranstaltungen unter
www.picus.at

Inhalt

Wo der Stein blüht

Zuerst hört man nur das Hämmern. Das Geräusch dumpfer Schläge, des Zersplitterns von Schiefer. Dann wird es wieder ruhig. Ein älterer Mann, das Gesicht von der Sonne verbrannt, steht in sich versunken vor einer steinernen Mauer, einen Spitzhammer in der Hand. Seine Augen wandern über die Ecken und Kanten der Einfassungen und weiter zu den Terrassen mit den Olivenbäumen, die den Hang hinaufwachsen. Altes Land, seit Jahrtausenden kultiviert, jede Stufe dem Dickicht abgerungen. Nun aber haben kräftige Wurzelstränge die Stabilität der Fundamente erschüttert. Steine haben sich gelockert und andere mitgerissen, bis ein Loch im Gemäuer klaffte. Jetzt gilt es, die Lücken schnellstens zu schließen, sonst rutscht das Terrain ab. Also hat man einen der wenigen noch verbliebenen Meister seiner Zunft gerufen, das kostbare Gemäuer zu reparieren. Das braucht Erfahrung, Zeit und Geduld, um eins zu werden mit dem Gestein. Wie lassen sich die Bruchstücke so schichten, dass sie einander Halt geben, ohne Mörtel?

Trockenmauern sind Kunstwerke und ein Symbol für das Leben auf felsigem Grund. Istrien und die Kvarner Bucht schenken uns Landstriche von spröder Schönheit, mit einer Fülle archaisch anmutender Szenerien. Auf den Hügeln thronen trutzige Dörfer und strecken ihre Kirchtürme in den Himmel, während sich in den Flusstälern fruchtbare Äcker hinter behäbigen Wällen vor den Stürmen in Sicherheit bringen. Oben im Gebirge jagt die Bora über die Kuppen und verkrüppelt Bäume und Gebüsch, Schafe und Ziegen ducken sich in einen Unterschlupf, ehe sie nach Abzug der Böen neuerlich über die kargen Weiden ziehen. An den Küsten, wo türkisgrüne Wellen gegen das Gestein schlagen und die Aromen von Pinien und Myrte in der Luft liegen, erzählen Agaven, Palmen und Kakteen von Seeleuten, die ferne Kontinente bereist und Saatgut mitgebracht haben. Palazzi, Loggien und Kampanile erinnern an die Regentschaft der Venezianer, der *Štrudle* an die Kaiser und die böhmisch-wienerische Küche.

Ein in seiner Vielfalt zauberisch-inspirierendes Universum an der Bruchstelle zwischen romanischen, slawischen und germanischen Sprachen und Traditionen: der Spiegel eines multikulturellen Europa. Liburner, Griechen oder Römer, Goten, Kroaten und Venezianer, Franzosen, Österreicher oder Deutsche: Wer hier siedelte, hatte sich den Direktiven der Herrschenden zu fügen, die in diesen Breiten besonders häufig wechselten. Banner und Flaggen wurden neu gehisst, Grenzlinien anders gezogen, Dekrete, Verordnungen und Glaubenssätze verändert, Ideologien durchgepeitscht. »Menschen und Völker wie Weizen für die Geschichte, die sie zermahlt«, so Claudio Magris, »im Moment tut es weh und auf dem Boden bleiben Blutflecken, dann trocknen sie, und das Brot, das schließlich dabei herauskommt, ist gut.«

In Istrien und in der Kvarner Bucht wächst das Getreide auf einer dünnen Erdschicht. Kein Platz für Fülle und Wohlstand. Man hat gelernt, auf Nachbarn, die Gemeinschaft und die Gunst des Schicksals zu bauen, beäugt Fremde und Fremdes mit Argwohn und setzt stattdessen auf das scheinbar kleine Glück, das allerorts um die Ecke biegt. Der Eichentisch mit den Furchen und Kerben der Jahrhunderte, *Pršut* und Oliven und ein Glas Malvazija oder Teran. Die Macchia, wenn letzte Schneereste zu kleinen Seen schmelzen und Zistrosen und Baumheide aus dem Winterschlaf holen. Der wilde Spargel und die frisch ausgesäten Felder, der rötlich knospende Wacholder in den windgeschützten Mulden des Karsts. Die flirrende Hitze an der Küste, wo der Horizont in den Spiegelungen des Wassers verschwindet. Die Abende unter der von Bougainvilleen überwucherten Pergola, mit dem Duft von Fisch, Olivenöl und überreifen Feigen in der Nase. Das über dem offenen Feuer gegrillte Lamm, und zuvor ein paar hauchdünne Trüffelscheiben, auf Rühreier gerieben. Die Weinreben, vom Herbst in Gelb- und Rottönen bepinselt, die unter den Vordächern gestapelten Holzscheite. Der Winter kann kommen. Die gerade erst ausgepflanzte Ladonja auf dem Hauptplatz des verlassenen Dorfes: Ein Versprechen, dass das Leben zurückkehren wird.

Die Bilder, Farben und Gerüche Istriens und der Kvarner Bucht machen süchtig. Keine großen

Sensationen, keine marktschreierisch verkündeten Genüsse, sondern Freuden und Entdeckungen, die in der Liebe zu Grund und Boden wurzeln. Selbst wenn es Fels ist. Zwischen den Steinen blühen Lavendel, Ginster und Orchideen.

Leinen los und Kurs nach Süden

Abbazia oder: Ein Kurort sticht in See

Man sollte aufpassen. Der Steg ist schmal, das Pflaster unregelmäßig verlegt. Treppen, Galerien und Brücken bremsen den Schritt. Doch das allein ist es nicht. Wer am Lungomare in der Kvarner Bucht unterwegs ist, schaut nicht so genau, wohin er tritt. Die Augen haben Besseres zu tun. Die Aussicht ist grandios, der Blick schnell gefangen: auf der einen Seite prächtigste Hotels und alte Villen, Parks mit Magnolien, Kamelien und Oleander. Auf der anderen das Meer, in Blautönen schimmernd, vom hellen Türkis bis ins dunkle Azur. Die Wellen brechen an den Kanten der Steilküste, Gischt sprüht durch die Luft.

Der Lungomare, Ende des 19. Jahrhunderts in den Fels geschlagen und auf Stelzen übers Wasser gebaut, zählt zu den schönsten Strandpromenaden an der Oberen Adria: zwölf Kilometer lang, die Verbindung zwischen dem Fischerdorf Volosko und den Seebädern Opatija und Lovran. Eine Route vom Gestern ins Heute, eine Zeitreise von den Habsburgern über die italienischen Könige und Tito bis zum unabhängigen Staat Kroatien.

Schon die Namen der Luxusherbergen von Opatija, die sich wie Wegmarken an den Lungomare und die Hafenstraße reihen, spiegeln die Geschichte. Das »Kronprinzessin Stephanie« etwa, dereinst nach der Gemahlin des österreichischen Thronfolgers benannt und 1885 in dessen Beisein eröffnet, wurde nach dem Ersten Weltkrieg zum »Regina Elena«, eine Referenz an die Gattin des italienischen Königs. Tito ordnete an, dass das Nobelhotel »Moskau« heißen sollte, und ließ es nach seinem Bruch mit Stalin in »Central«, später in »Imperial« umbenennen.

Und dabei wird es wohl bleiben. Adel, ganz gleich, welcher Art und Provenienz, steht in Opatija hoch im Kurs, das imperiale Erbe wird kräftig poliert. Anzuknüpfen an die mondäne Ära der Belle Époque und zugleich das Image der sozialistischen Ferienkolonie loszuwerden, daran arbeitet man. Beim Strand von Slatina grüßt Hollywood, der »Walk of Fame« ist ein Ableger des Originals von Los Angeles, umgelegt auf Kroatien. Die einheimische Prominenz hat sich mit Marmorsternen im Boden verewigt, die Reihe berühmter Namen wird Jahr für Jahr um acht erweitert. In der solcherart wachsenden Schar an mehr oder weniger großen Berühmtheiten entdeckt man die Skifahrerin Janica Kostelić, die Lyrikerin Vesna Parun oder den Physiker, Philosophen und Friedensaktivisten Ivan Supek.

In die Galerien im Zentrum sind die Läden internationaler Designer eingezogen, in den Vitrinen des legendären Café Wagner präsentieren sich die Kreationen von Kroatiens besten Konditoren und Chocolatiers. Die Blumenbeete vor der Villa Angiolina sind nach historischen Mustern bepflanzt, auf den Terrassen und Loggien der Villen und Pensionen sitzen jene, die das Flair von früher suchen und zugleich den Standard unserer Tage. Spas, Kitesurfen, Cocktailbars. Boutique-Hotels mit trendig designten Zimmern und Restaurants, die in den Gourmet-Führern punkten. Man will jünger werden, auch das.

Ob der Imagewechsel gelingt? Opatija hat schon einmal vorgemacht, wie man sich selbst neu erfindet. Der Küstenstreifen im Schatten des Učka-Gebirges galt dereinst als unansehnliches, ärmliches Dorf mit ein paar Fischerhütten und einem winzigen Kloster. Bis ein Kaufmann aus Fiume, wie das benachbarte Rijeka damals hieß, hier auftauchte und sich nach einer Liegenschaft umsah.

Iginio Scarpa, müde und niedergeschlagen nach dem Tod seiner Frau, sehnte sich nach einem Tapetenwechsel. Mit einem der Seeleute wurde er schnell handelseins. In unmittelbarer Nähe der Abtei Sankt Jakob, die der Siedlung den Namen Abbazia gegeben hat, erwarb er ein Grundstück und ließ dort ein Anwesen bauen, die Villa Angiolina. Bei den Spaziergängen am Meer gewann Scarpa Lebensfreude zurück. Bald schon war sein Domizil Treffpunkt von Freunden und Bekannten, die, enthusiasmiert von der wohltuenden Kraft der Sonne und dem salzigen Duft des Meeres, die Errichtung eigener Feriensitze beauftragten: der Beginn der erstaunlichen Karriere von Abbazia.

Die Kunde von der wunderbar heilsamen Luft und der durch die Učka-Bergkette vor kalten Winden geschützten Lage der Kvarner Bucht dringt alsbald nach Wien und bis an den Hof der Habsburger. Ärzte horchen auf: Vielleicht ließe sich an der Oberen Adria ein eleganter Kurort aus dem Boden stampfen und damit eine verheißungsvolle Geldquelle zum Sprudeln bringen? Um sich damit einzureihen in den Kreis illustrer Ferienziele wie Menton, Nizza oder Cannes? Auf dem Reißbrett entstehen ambitionierte Entwürfe für die Infrastruktur an der österreichischen Riviera, wie die Gegend nun heißt. Abbazia braucht Hotels, Wasserleitungen und ein Abfallbeseitigungssystem, es braucht Sanatorien mit arrivierten Ärzten und Krankenschwestern, die Erfahrung haben mit Herz- und Lungenkranken und anämischen Kindern, dazu Räumlichkeiten für infektiöse Kranke, auch Leichenkammern. Vor allem aber braucht es die Möglichkeit, bequem anzureisen. Nach 1873, als die Südbahn Wien und Budapest mit Fiume verbindet, wird Abbazia Teil der weiten Welt. Selbst Sachertorte und Esterházyschnitte können fortan per Nachtzug aus der Donaumetropole herangeschafft werden.

Innerhalb weniger Jahre hat sich das Fischerdorf in eines der vornehmsten Seebäder der k.u.k. Monarchie verwandelt. Das Haus Habsburg erhebt Abbazia 1889 zum ersten heilklimatischen Kurzentrum an der österreichischen Adriaküste und ist in unterschiedlichster Besetzung anzutreffen. Kaiser

Wilhelm II. und die Könige von Schweden, Norwegen, Rumänien oder auch Griechenland schätzen die milden Winter, wenn sie von den Loggien und Balkonen ihrer Hotels aufs Meer blicken, Künstlerinnen und Künstler wie Gustav Mahler, James Joyce oder Isadora Duncan hoffen auf Entspannung und Inspiration, die sich bei Anton Tschechow besonders nachhaltig einstellt, nachzulesen in seiner Novelle »Ariadna«. Am Lungomare treffen sich die Frischluftfanatiker zu ausgedehnten Spaziergängen. In den Tanzsälen, Kaffeehäusern und Salons blüht der Klatsch. Wien und die dortigen Skandale und Affären scheinen nur einen Katzensprung entfernt und die Liebeleien vor Ort immer einen Tratsch wert. Zumal die Gesellschaft, über die man sich das Maul zerreißt, stetig wächst. Während des Sommers 1913 tummeln sich hier gut zweiundvierzigtausend Gäste, vermeldet der Fremdenverkehrsverein, Abbazia hat das böhmische Karlsbad endgültig abgelöst. Bis der Erste Weltkrieg allen Lustbarkeiten ein jähes Ende bereitet.

Der Lungomare mit seinen historischen Bauten ist das Herz von Opatija geblieben: mit der Villa Neptun, in der heute das Hotel Miramar logiert, dem Jugendstilhotel Belvedere oder dem Milenij, einem Prachtbau von 1886. Morgens finden sich die Jogger ein, später die Fitnesstrainer mit ihren Privatkunden, tagsüber Wanderer, Spaziergänger und Ausflügler. Vor der Küste ankern Boote jeglicher Größe und Preisklasse, selbst die Jachten der Reichen und Mächtigen legen inzwischen gerne an.

Die Tourismusmanager bewerben das Gesamtpaket: das Kur- und Ferienleben auf dem Festland, unberührte Strände und legere Urlaubsfreuden auf den benachbarten Inseln. Mehr als tausend von ihnen soll es in der östlichen Adria geben, Plinius hat sie gewissenhaft gezählt. Ein gutes Dutzend davon liegt in der Kvarner Bucht, wie etwa Cres, Lošinj oder auch Krk.

Wo der Norden auf den Süden trifft: Cres ist die raueste Insel der Kvarner Bucht. Wenn die Bora über die Insel jagt, bringt man sich schnell in Sicherheit. Die Fährverbindungen werden eingestellt, die Boote doppelt vertäut und die Fensterläden verschlossen. In den Herbst- und Wintermonaten fällt der Sturm regelmäßig über die Insel her. Er wirft sich über die Hänge, verkrüppelt Bäume und Büsche und reißt alles mit, was nicht fest verankert ist. Der Bora verdankt Cres seine wilde und darin faszinierende Schönheit. Wiesen und Hügel mit Stechdorn, Disteln und Wacholder, die sich in den steinigen Boden krallen. Ab und zu ein Schaf, das über die Straße trottet, der Stolz der Insulaner. In seinem Fleisch steckt der Geschmack von Kräutern und Meersalz. Gänsegeier kreisen über den Weiden, auf der Suche nach Aas.

Mauern aus geschichteten Gesteinsbrocken durchschneiden die Hänge, dazwischen Ruinen aufgegebener Häuser. Eine Kapelle mit Kirchturm ohne Glocke, niemand da, für den sie läuten könnte. Bis sich das Städtchen Cres ins Bild schiebt, eine versteckte Oase: Olivenbäume an den Hängen, Feigen, Tomaten und Paprika auf den Feldern. Die Altstadt gibt sich venezianisch. Kleine Häuser, in bunten Farben gestrichen, der Kai, die Gelateria, die Schiffe und Boote. Ein Lokal nach dem nächsten, die Speisekarte dreisprachig, kroatisch, italienisch, deutsch.

Nah bei der Kathedrale der Palast der Familie Arsan-Petrić, ein gotischer Prachtbau mit reich dekorierten Doppelfenstern, ähnlich den Palazzi am Canal Grande. Eine reizvolle Szenerie für Touristen. Cres gilt als ideale Insel für jene, die für sich bleiben wollen. Nur wenige Autos, dafür Fahrräder und Ruhe. Kaum ist die Stadt Cres hinter den Hügeln verschwunden, kehrt die Einsamkeit zurück: Steine, Macchia, Geier, felsige Ufer. Im Süden freilich, bei Osor, dem antiken Zentrum der Insel, spürt man, dass die Bora an Kraft verloren hat, die Gegend zeigt sich milder, auch weicher und fruchtbarer.

Ein Kanal trennt Cres von der Nachbarinsel Lošinj, die Drehbrücke wird zum Grenzbalken. Mehrmals täglich lässt sie die Fischerboote durch. Mit einem Mal tut sich der mediterrane Süden mit seinen Schätzen auf. Nicht länger die unzugängliche Steilküste, dafür eine Reihe von Buchten, die sich wie Fjorde ins Land fressen, Spielplätze für Segler, Schwimmer, Taucher, Wanderer. Lošinj war früher berühmt für seine Kapitäne und Matrosen und die Werften. Über tausend Pflanzen haben Botaniker entdeckt, die Seeleute aus etlichen Teilen der Erde in ihre Heimat mitgebracht haben, Myrten und Mimosen, Bambus und Bananenstauden. Auf Lošinj gedeihen sie, Wasser und Luft sind klar, das Klima gemäßigt, selten zu heiß oder zu kalt und zudem eine der sonnenreichsten Regionen Kroatiens.

Schon im späten 19. Jahrhundert hat man hier erste Kuranstalten eingerichtet, mit Sanatorien für lungenkranke Kinder aus den Großstädten von Wien, Budapest und Agram. Gesundheit und Wellness, dieser Linie folgt man bis heute. In den Boutiquen der Hotels werden Cremen und Lotionen aus Minze, Kiefer und Eukalyptus verkauft, dazu Massageöle mit dem Duft der Pinien und Orangen. Die Zimmer sind in den Farben blühenden Lavendels oder Salbeis gehalten, die Gerichte auf den Tellern leicht und mit der Fülle heimischer Kräuter verfeinert: Wege mit Perspektiven. Die Jungen, die nach Deutschland, Österreich oder Italien abgewandert sind, kehren häufig wieder heim, wo es ordentlich zu tun gibt.

Eigeninitiative – das lernt man. Und damit auf das zu setzen, was die Inseln unverwechselbar macht. Ob auf Cres, Lošinj, Krk oder Rab: Alle schielen Richtung Mitteleuropa. Man schaut nach vorn und sucht sich mit innovativen Ideen zu verankern, ohne die eigene Identität zu verleugnen. Trotz aller Bemühungen landet Opatija dabei immer noch in der Vergangenheit. Kaisernacht und Wiener Ball rufen die Erinnerung an kakanische Kurseligkeiten zurück, der Lungomare wurde mit seinem früheren Namen benannt. Er heißt nun wieder »Franz-Joseph-Promenade«. Dort thront das »Kvarner«,

1884 als »Quarnero« und erstes Luxushotel der östlichen Adria eröffnet, eines der nobleren Häuser, in hellem Schönbrunnergelb.

Doch viele der Kulissen aus den k.u.k. Depots quietschen, vieles muss entrümpelt oder gründlich geölt werden. Tito hat die berühmten Villen seinen engsten Mitarbeitern überschrieben, verdienten Militärs oder auch hohen Beamten mit ihren Familien. Wohnrecht auf Lebzeiten, so hieß es in den Verträgen. Einige der solcherart Beschenkten genießen diese Privilegien, hochbetagt und ohne Lust, Geld in ein Objekt zu investieren, das ihnen nicht gehört. Entsprechend verfallen präsentieren sich manche der früheren Juwelen. Ihren Charme haben sie nicht verloren.

Der Sozialismus aber wirft lange Schatten. Riesige Hotelkolosse sitzen wie Kraken an der Küstenstraße. Die Renovierung wäre teuer, der Abbruch schwer bezahlbar. Also übt man sich weiter im Warten: auf dass noch mehr Anwesen entlang des Ufers frei und zum Verkauf ausgeschrieben werden, auf dass sie private Eigentümer oder Konzerne umbauen und in komfortable Unterkünfte oder private Residenzen verwandeln. Investoren halten sich bereit, sie haben zuletzt lukrative Geschäfte gemacht.

Das schmiedeeiserne Geländer am Lungomare ist solide im Boden verankert. Da können die Stürme ruhig kommen. Opatija und die Kvarner Bucht werden sich darin nicht verlieren. Der Küstenstreifen ist felsig. Darauf lässt sich bauen. Und gut sein allemal.

Flysch, Mergel, Ton – Santé!

In den Reben steckt das Erbe Istriens

Hier bleiben, sich auf einer der Wiesen ins Gras legen, den Alltag hinter den Hügeln verschwinden sehen und staunen. Die Augen ziehen über eine üppig begrünte Senke. An beiden Hängen wachsen Weinreben nach oben, beschirmt von Olivenbäumen, Steineichen und Ahorn. Und über allem wachen die Ruinen einer Festung über die Szenerie, das frühere Kastell des Dörfchens Momjan. Stille. Nichts zu hören, nur ein Specht, der den Stamm einer Ulme mit seinem spitzen Schnabel bearbeitet. Niemand stört ihn beim Bau seiner Nisthöhle, kein Mensch zu entdecken, auch kein Haus.

Bis sich ein fremd anmutendes Gebäude in den Blick schiebt, ein lichter, gläserner Kobel, von ein paar Stahlträgern umspannt und wie ein Flugkörper in einen sanften Abhang gesetzt, in dem es zu verschwinden scheint: das Weingut von Antonella und Gianfranco Kozlović. Das Gebäude ist ein Statement. In Vale bei Momjan, wo seit Jahrhunderten Malvazija, Teran und Momjan Muscat wachsen, erzählt es eine Geschichte, wie sie typisch ist für den Landstrich an der Grenze zwischen Slowenien und Kroatien. Eine Geschichte von Emotionen und Leidenschaften, vom Gefühl der Verbundenheit mit uralten Traditionen und vom langsamen Aufbruch ins Heute. Zugleich aber ist sie ein Spiegel eines Istrien, das sich verwandelt und seine Identität neu verankert.

Gegenwart und Vergangenheit sind hier eng ineinander verzahnt, befruchtend für alle, die im Rhythmus der Natur leben. Um sich an einem Ort wie diesem, der gut und gerne als Idylle durchgehen könnte, inspirieren zu lassen, bräuchte es keinen Wein. Antonella Kozlović ist eine Erzählerin mit innerem Feuer, man spürt es. Sie brennt für jenes Stück Grund und Boden, in dem die Familie ihres Mannes Gianfranco seit vier Generationen wurzelt. Eine herzliche und zugleich bestimmte Frau mit Selbstbewusstsein und eigener Haltung. Sie ist gerade erst von ihrer täglichen Jogging-Runde zurückgekehrt, als sie uns auf der Terrasse empfängt, die über die Weinberge hinausragt. Wir befänden uns in der Bujština, erklärt sie uns, in der Umgebung des Städtchens Buje, im Grauen Istrien also, wie es Geologen klassifizieren. Drei Farben prägen die Halbinsel. Das Weiße Istrien, benannt nach dem hellen Kalk des Ćićarija- und Učka-Gebirges, schließt die Peninsula wie ein Sperrriegel nach Osten hin ab: eine dünn besiedelte, karstige Gegend, mit bewaldeten Anhöhen und steil abfallenden Felswänden. Auf den von Weiden und Gebüsch bedeckten Gipfeln, von denen die Fernsicht bis weit in die Kvarner Bucht reicht, grasen Schafe. Wem sie wohl gehören? Viele der Ortschaften wirken ärmlich und verlassen.

Ganz anders das Rote Istrien, südlich und westlich von Pazin: ein von Mulden und Schluchten durchschnittenes Kalksteinplateau mit aufliegenden Terra-Rossa-Böden, seit jeher reich kultiviert und damit eines der wirtschaftlich wohlhabenderen Gebiete. Schon die Römer wussten die Kalksteine für die Errichtung von Villen und Tempeln zu nutzen und verluden die Karstmarmore bis nach Rom, wo sie bei Künstlern hochgeschätzt waren. Die Venezianer verschifften das kostbare Baumaterial in die Serenissima. Die eisenhaltige Erde diente der Produktion von Ziegeln und galt zudem als idealer Nährboden für Oliven und Wein.

Grau-Istrien hingegen erstreckt sich über den Mittelteil der Halbinsel: ein hügeliger Landstrich, in den sich die Flusstäler von Mirna und Raša tief eingegraben haben. Auf den felsigen Anhöhen thronen pittoreske Dörfer und Städtchen wie Motovun, Oprtalj oder Buzet. Die Toskana Istriens und ein perfektes Gelände für Radler, Wanderer und jene, die den Küsten mit ihren geschäftigen Orten und Bettenburgen entfliehen möchten. Im Landesinneren genießen sie Natur satt. Dort bilden graue Mergelböden aus dem Eozän den Flysch, der sich mit Sedimentgestein und Meeresablagerungen abwechselt. Wo Lehm und Tonerde überwiegen, gedeihen Wein, Oliven und Trüffeln. Was Gourmets zum Jubeln bringt und der Region zu kulinarischem Ansehen verholfen hat.

Im Flysch, Sandstein, Ton und Lehm stecken das Glück und der Stolz von Antonella und Gianfranco Kozlović: das Terroir für ihren hochgelobten, vielfach ausgezeichneten Malvazija Istriana, hergestellt aus einer der ältesten lokalen Rebsorten. Ein goldgelber, frischer, trockener Tropfen, mit einem Bouquet von Apfel, Pfirsich und Ananas und einer ausgewogenen Balance zwischen Säure und Frucht und leicht mineralischem Abgang – und ein Wein, der es geschafft hat, auch international geschätzt zu werden.

Das war nicht immer so, wie sich Antonella erinnert. Noch vor dreißig Jahren kannte man den Malvazija nur als einfachen Tafelwein, oft mit unangenehmem Petrol-Ton und oxidativer Note. Nichts, worauf man sich etwas einbilden hätte können. Und doch eine Rebe mit Potenzial, wie Gianfranco und Antonella hofften, als sie in den neunziger Jahren den familieneigenen Betrieb übernahmen, in einer politisch turbulenten Zeit. Vieles war im Umbruch, selbst beim Wein.

Die Reben des Malvazija wurden, wie man heute vermutet, ursprünglich von den Griechen an die Adriaküsten gebracht. In Istrien gediehen sie besonders prächtig, was Römer und Venezianer zu schätzen wussten. Auf immer größeren Flächen wurden Weingärten angelegt, die unter den Habsburgern auf dreiunddreißigtausend Hektar angewachsen waren. Die Reblaus vernichtete aber einen Gutteil der Stöcke, wovon sich die Halbinsel, von zwei Weltkriegen gebeutelt, nur langsam erholte. Tito und seine Genossen zeigten wenig Interesse, den Weinbau zu befördern. Wer nicht nur für den Privatgebrauch produzierte, lieferte seine Trauben an Kooperativen. Der Anspruch an die Qualität blieb gering und wandelte sich erst in den neunziger Jahren. Nach dem Tod des Marschalls spitzten sich die nationalen Konflikte zu. Die Verbitterung über die serbische Vormachtstellung bei öffentlichen Ausschreibungen und Postenvergaben wuchs, die Hyperinflation und das wirtschaftliche Nord-Süd-Gefälle sorgten für Unruhe. Der Zerfall Jugoslawiens bahnte sich an und mündete im Frühjahr 1991 in einen Krieg, der in Kroatien im Sommer 1995 endete.

Istrien suchte mit besonderer Anstrengung und Ambition die sozialistische Planwirtschaft hinter sich zu lassen. Die Unabhängigkeit des jungen Staates war für Unternehmer ein Versprechen, auch Gianfranco und Antonella setzten auf Veränderung. Zugleich aber wollten sie das familiäre Erbe bewahren, das vier politische Systeme überdauert hatte. Auf diesem Respekt vor dem, was die Urgroßeltern begründet haben, ruht ihr Erfolg als Vorreiter einer Bewegung, die inzwischen große Teile der istrischen Weinwelt erfasst hat. Die Verbindung mit ihrer Herkunft sei eng, so Antonella. Sie stammt aus dem Weiler Šorgi bei Oprtalj, gut zwanzig Kilometer von Momjan entfernt. »Šorgi ist der Name meiner Familie, wir heißen fast alle so wie die Dörfer.« Die Vorfahren der Kozlović kommen ursprünglich aus dem gleichnamigen Dorf, einer Ortschaft etwas nördlich der heutigen Grenze zu Slowenien. Sie wanderten eine Weile durch verschiedene Gebiete Kroatiens, ehe sie in Momjan sesshaft wurden. In Vale, einem Tal etwas nördlich des Dorfkerns, gelang es den Urgroßeltern von Gianfranco, Maria und Antonio Kozlović, 1904, einen Hektar Land zu ergattern, das im Besitz der Kirche stand. Dort pflanzten sie Rebstöcke an und errichteten ein winziges Haus: ein bescheidenes ökonomisches Fundament, um Kinder und Kindeskinder durchzubringen.

Schon die nächste Generation, die ihre Pacht noch in Naturalien bezahlte, versuchte, weitere Rebflächen zu kaufen, was nur in kleinen Etappen möglich war. Erst nach dem Zweiten Weltkrieg, als viele der in Istrien beheimateten Italiener vertrieben wurden, standen Häuser leer. Sie und die dazugehörigen Grundstücke waren ins Eigentum des Staates übergangen, der die Besitztümer neu aufteilte. Diesmal schafften es die Kozlović, ihr Territorium auf viereinhalb Hektar auszudehnen. Der Wein aber wurde nach wie vor mit einfachsten Mitteln gekeltert. Freunde und Nachbarn ließen sich Plastikflaschen und Kanister befüllen, mit dem Rest belieferten sie Genossenschaften. In der Zeit nach Titos Tod jedoch, als Jugoslawien mit dem wirtschaftlichen Niedergang zu kämpfen hatte, blickte man in Vale vorsichtig nach vorn und wagte das Experiment. Armando Kozlović, der Vater von Gianfranco, entschied 1987 gemeinsam mit seiner Frau Edvige, in Bouteillen zu investieren, ein damals großer Schritt. Für das Etikett entwarf er eine Zeichnung: zwei Freunde, die sich zuprosten und das Leben feiern. Ein Logo war geboren, dem man bis heute treu geblieben ist. Zugleich aber wurden die Innovationen zum Symbol dafür, dass man fortan mehr denn je auf Qualität setzen würde.

Gianfranco wird angesteckt vom Ehrgeiz seiner Eltern. Er verfolgt das Ziel, den Malvazija Istriana besser zu positionieren und beschließt gemeinsam mit Antonella, sich umzusehen und zu reisen, um Erfahrungen zu sammeln. Beide Herkunftsfamilien sind italienischsprachig, die Nähe zu Italien und zu seiner Kultur und Kulinarik hat sie geprägt. Also erkundet das Ehepaar Kozlović Venetien, das Piemont und die Toskana, verbringt seine Ferien auf Weingütern, besucht Messen und Verkostungen. Eine Zeit des Lernens, des Erforschens und der unentwegten Überlegungen: Was von dem, was wir kennengelernt haben, können wir nach Hause übersiedeln? Wo stoßen wir an unsere Grenzen und müssen unseren eigenen Weg finden? »Wir waren gute Weinbauern«, so Antonellas Befund im Rückblick, »aber schlecht in der Kellerarbeit. Wir schafften es damals einfach nicht, unsere Weine auf gleichbleibendem Niveau zu halten.« Also macht sich Gianfranco abermals auf und lässt sich in Triest zum Sommelier und Önologen ausbilden.

Zurück in Vale beginnt er, Weinberg und Keller systematisch zu analysieren. Er krempelt seine Vorgangsweise radikal um: neue Fässer, genaue Qualitätskontrolle, penibelste Hygiene. »Das war die Volksschule: erste Klasse, zweite Klasse, dritte.« Antonella lacht. Bis sich ein richtiges Zeugnis einstellt. 1998 wird der Malvazija von Kozlović zum besten Weißwein Kroatiens gekürt. Ein Wendepunkt nicht nur fürs Weingut, sondern für ganz Istrien. Plötzlich werden die Konsumenten auf den einst verschmähten Wein aufmerksam. Er gewinnt an Prestige – und verleiht einer ganzen Region das Selbstbewusstsein und den Mut, den Aufbruch zu wagen.

Im Schlepptau von Antonella und Gianfranco Kozlović ziehen Weingüter wie Matošević, Roxanich oder Kabola am selben Strang. Konkurrenz untereinander? Wenig. »Wir sitzen in einem Boot, mit demselben Ziel: Istrien nach vorn zu bringen«, so Antonella. Für sie und ihren Mann wird die Jahrtausendwende zu einem Meilenstein. Sie können den Weinberg Santa Lucia, eine der Grand-Cru-Lagen Istriens, mit wertvollen alten Weinstöcken bepflanzt, pachten und einige Zeit später sogar kaufen, womit sie ihre Rebflächen auf dreißig Hektar vergrößern. Zugleich beginnen die Planungen für die Neugestaltung des Guts. Wieder reisen die beiden quer durch Italien, Österreich und Deutschland, beraten sich mit Kollegen und Kolleginnen und überlegen, was sie sich von den Entwürfen des Zagreber Star-Architekten Željko Burić wünschen. Dieser legt ein Konzept vor, das richtungsweisend wirkt: gut zweitausend Quadratmeter Kellerfläche, verteilt auf drei Etagen, und das Ganze in das Erdreich des Hanges versenkt, um die Schönheit der Landschaft nicht durch ein zu massives Gebäude zu stören. Unterirdisch auch die Lagerräume, ebenerdig ein Atelier für Degustationen, gemütlich mit offenem Feuer, wenn es auf der Panoramaterrasse zu kühl wird: Gastfreundschaft mit Herz und auf Augenhöhe, ein Austausch, um den Horizont zu erweitern. Dazu ein Freilufttheater, Teatro Felice getauft, für glückliche kulturelle Spektakel aller Art.

Das Weingut Kozlović gilt längst als Flagship und darin als Aushängeschild für den istrischen Wein, der bei diversen internationalen Awards immer häufiger auf den vorderen Rängen mitmischt. Was die Nachfrage ankurbelt. »Wir setzen nicht auf Größe«, so Antonella sehr dezidiert. »Wir wollen nicht Hunderte von Flaschen auf den Markt schmeißen. Die Qualität ist uns wichtig, dazu die Lagerfähigkeit, an der wir lange getüftelt haben.« Inzwischen kann ihr Malvazija, der über achtzig Prozent der Gesamtproduktion ausmacht, bis zu zehn Jahre reifen. Bei der Frage nach so beliebten Rebsorten wie Sauvignon Blanc oder Chardonnay bleibt sie zurückhaltend. »Wir haben davon ein paar Reihen, nur so aus Spaß, eine Spielerei. Wichtiger ist uns der Teran, der lokale Rotwein, und als Herzensprojekt der Momjan Muscat.« Eine autochthone Rebsorte, der ideale Dessertwein: halbtrocken, mit lieblich-würziger Note. Unlängst hat man, gemeinsam mit vier anderen Winzern, in Brüssel vorgesprochen, um eine Fläche von zweihundert Hektar unter Schutz stellen zu lassen, wovon vorerst zwanzig Hektar bepflanzt sind. »So bewahren wir, was kostbar ist und vom Verschwinden bedroht.«

Auch das ist Teil der Philosophie, die Gianfranco und Antonella antreibt: sich weiterzuentwickeln, nachhaltig zu agieren und dabei die nächsten Generationen im Blick zu haben. »Traditionen muss man leben und sie zur eigenen Geschichte machen.« Das gilt nicht nur für sie beide, sondern für alle Mitglieder des Teams. Wer bei ihnen anheuert, sollte ähnlich für den Wein brennen wie sie selbst. »Wir möchten Perspektiven bieten. Nach dem Krieg, in den späten neunziger Jahren, sind die meisten Jungen nach Italien abgezogen, um dort ihr Geld zu verdienen und Familien zu gründen. In den Dörfern blieben die Alten zurück. Das zu verändern, ist uns wichtig.« Bei ihren Töchtern scheint das schon gelungen. Gianna hat das Diplom für Weinbau und Önologie der deutschen Hochschule Geisenheim in der Tasche, die etwas jüngere Lara büffelt für ihr Wirtschaftsstudium. Die Schwestern packen im elterlichen Betrieb kräftig mit an.

»Fast alle unsere Mitarbeiter sind jetzt jünger als wir«, freut sich Antonella. »Da fühlen wir uns manchmal wie Lehrer, die Wege aufzeigen.« Nicht nur im Weingarten. Irgendwann würden sie und ihr Mann sich ohnehin zurückziehen. Dann sind andere am Zug. »Um uns geht es ja gar nicht«, so ihr Credo. »Es geht um das Land, in dem wir leben, um seine Vergangenheit und Zukunft.« Im Großen wie im Kleinen. Istrien erzählt uns seine Geschichte. Und die steckt im Wein, im Boden und in der Tiefe der Wurzeln.

Nächster Halt: Motovun

Auf den Spuren von Markuslöwe und Doppeladler durchs Hinterland

Venedig muss sich verändern, Benito Mussolini hat die Worte seines Freundes, des Futuristen Filippo Tommaso Marinetti, im Ohr. »Wir wollen diese faulige Stadt heilen«, so dessen Aufruf. »Wir wollen die Geburt eines industriellen und militärischen Venedig vorbereiten, das die Adria, dieses großitalienische Binnenmeer, beherrschen kann. Beeilen wir uns, die kleinen, stinkenden Kanäle mit dem Schutt der alten einstürzenden und aussätzigen Paläste zuzuschütten. Verbrennen wir Gondeln, diese Schaukelstühle für Idioten, und errichten wir bis zum Himmel empor die mächtige Geometrie der Metallbrücken und der rauchgekrönten Fabriken [...].«

Doch die frechen Forderungen des Futuristen stoßen auf gehörigen Widerstand, die Vorhaben der Faschisten versanden. Zumindest ein Unternehmen aber will der Duce unbedingt durchpeitschen und sich so für immer in die Geschichte der Serenissima einschreiben. Er ordnet den Entwurf einer Straßenverbindung zwischen Venedig und Mestre an, die den Inselstatus der Stadt aufheben und den Autoverkehr ankurbeln soll. Architekt Eugenio Miozzi liefert die Pläne für den knapp vier Kilometer langen Ponte Littorio. Am 25. April 1933 wird er im Beisein des Duce eröffnet. Was kaum jemand weiß von jenen Gästen, die zum Festakt anreisen: Ohne Istrien gäbe es keine Brücke, und ohne Istrien kein Bella Venezia in Pomp und Gloria.

Der Ponte della Libertà, wie er inzwischen heißt, ist nicht das einzige Bau- und Kunstwerk, das sich fremden Ressourcen verdankt. Über viele Jahrhunderte hinweg plünderte Venedig die Gebiete der östlichen Adria, nachdem es den Dogen gelungen war, sich im Mittelalter die Inseln der Kvarner Bucht und den Westen Istriens einzuverleiben. An der Küste schufen sie Handelsstützpunkte und florierende Hafenstädtchen, im Hinterland wilderten sie im Forst. Die dichten Eichenwälder galten als ideale Rohstoffquelle. Das Holz benötigte man in den Werften und für die Pfähle, auf denen Venedig steht. Zugleich wusste man die Steinbrüche zu nutzen und nach dem Vorbild der Römer jenen hellen Kalk zu fördern, der für die Errichtung der Palazzi, Kirchen und Brücken verwendet wurde. Sofern man nicht einfach entschied, alte Kirchen abzureißen und Teile der Gebäude wieder zu verwerten: passiert mit dem Gotteshaus Kirche Sv. Marija Formoza in Pula, das sich zumindest rühmen kann, am Entstehen des Markusdoms und der Biblioteca Marciana mitgewirkt zu haben. Und selbst vor dem Abriss der römischen Arena schreckte man nicht zurück. Sie sollte 1583 abgetragen und das so gewonnene Baumaterial nach Venedig transferiert werden. Ein Vorhaben, das glücklicherweise scheiterte.

Im Schatten dieser Ausbeutung entstanden enge Handelsbeziehungen – es wurde auch Salz, Wein oder Olivenöl verschifft – und ein reger kultureller Austausch. Die Verbindung zwischen Istrien und Venetien ist seither nie wirklich abgebrochen. Zwischen fünfzig und siebzig Seemeilen sind es zwischen den beiden Küstenstreifen, zu schaffen in etwa drei Stunden. Mehrmals wöchentlich rasen Tragflügelboote von Pula, Rovinj, Poreč oder Piran nach Venedig. Wenngleich man gar nicht so lange übers Meer jagen muss, um das prächtige Erbe der einstigen Großmacht zu bewundern. Etliche der istrischen Städte mit ihren im Stil der venezianischen Gotik und Renaissance erbauten Palazzi könnten als kleine Schwestern der Serenissima durchgehen. Wie etwa Piran mit der Casa Veneziana auf dem Hauptplatz: das Geschenk eines wohlhabenden Kaufmanns an seine schöne Geliebte mit der Bitte, ihn auf dem Balkon zu erwarten, wann immer er sich mit seinem Schiff näherte. An der roten Flagge mit dem Markuslöwen würde sie ihn erkennen. Und da saß sie nun, die holde Konkubine, und harrte ihres venezianischen Galans, sehr zum Gespött des gemeinen Volkes. Weshalb ihr Gönner eine Steintafel anbringen ließ mit den Worten »Lassa pur dir« – »Lass sie reden.«

Nur eine von zahlreichen Geschichten und Legenden, die bis heute weiterleben. »Si non è vero, è ben trovato« – wenn sie nicht wahr sind, dann gut erfunden. In ihrem Schatten halten sich die Zeugen der Vergangenheit: die Kampaniles, entworfen nach dem Vorbild der venezianischen Türme, die Loggien und Portale, die Rathäuser und Paläste mit den Wappen der Dogen und Potentaten, der geflügelte Löwe, der von den Mauern brüllt. Wie viele dieser Leuen brauchte es, um eine Stadt unter das Joch der Venezianer zu zwingen? In Motovun gibt man das Zählen schnell auf: zu viele. Die Ansiedlung, pittoresk auf einem Hügel hoch über dem Tal der Mirna gelegen, war ursprünglich eine Fluchtburg der Kelten und geriet von 1278 bis 1797 in die Hand der Republik San Marco. Von hier aus verschiffte man Holz bis zur Flussmündung in Novigrad, wo es nach Venedig verladen wurde: neben den Eichen vorzugsweise die Ladonja, ein Baum aus der Familie der Ulmen, aus dem man die Paddel für die Galeeren fertigte.

Von Motovun aus dirigierten die Kaufleute den Handel und schufen eine jener istrisch-venezianischen Städte, wie sie so typisch sind für den Landstrich: mit seiner Piazza, dem Palazzo Polesini, jetzt das Hotel Kaštel, und der Pfarrkirche Sv. Stjepan, errichtet im späten 16. Jahrhundert im Stil Palladios. Oder war es der Maestro selbst, der sich an den Zeichentisch gesetzt hat, um den Plan zu entwerfen? Das spätbarocke Gemälde des »Letzten Abendmahls« stammt aus der Hand des venezianischen Künstlers Stefano Celesti, das gilt als gesichert, und die Deckengemälde von Giuseppe Bernardino Bison, einem der gefeierten Vertreter der in der Lagunenstadt so beliebten Vedutenmalerei.

In besten Zeiten lebten in Motovun bis zu fünftausend Menschen, größtenteils Italiener, heute sind es etwa fünfzig. Der Tourismus beschert dem Städtchen wachsende Einkünfte, trotzdem stehen zahlreiche Gebäude zum Verkauf oder leer. Wie etwa jenes unauffällige, zweistöckige Haus direkt vor den Stadttoren. Der graue Putz bröckelt, die Fensterläden sind verwittert, die Tür verrammelt. Eine Tafel erinnert an Josef Ressel, der große Erfinder hat hier gewohnt und gewirkt.

Auch die Habsburger, denen die Halbinsel nach dem Abzug der Venezianer zugefallen war, setzten bei der Steigerung ihrer Flottenstärke auf Eichen. Ein Vorhaben, das sich schwierig gestaltete. Ihre Vorgänger hatten Raubbau betrieben und die Wälder devastiert und verkarstet zurückgelassen. Nun sollte Ressel für die neuerliche Aufforstung sorgen. Mit seinem Kopf freilich war er ganz woanders. Am 1. Juli 1829 ließ er in Triest die »Civetta« vom Stapel, um vorzuführen, wie perfekt die von ihm konstruierte Schiffsschraube funktionieren würde. Die Jungfernfahrt kam zu einem jähen Ende, als an der Dampfmaschine ein Rohr platzte und eine Explosion verursachte. Das Boot musste in den Hafen zurückgeschleppt werden, unter dem Spott und der Häme der Schaulustigen. Josef Ressel zog sich geschlagen in die Wälder um Motovun zurück, ein glückloses Genie.

Dort dauerte es Jahrzehnte, bis sich die Natur erholt hatte. Für die Schifffahrt aber taten sich zusätzliche Hürden auf. Die Mirna war inzwischen so versandet, dass sie als unpassierbar galt. Als Ressel 1857 starb, war die Gegend von den zentralen Transportwegen, den Lebensadern der Wirtschaft, ebenso abgeschnitten wie etliche andere Regionen im Landesinneren der Halbinsel, die nur von schlechten Poststraßen und Saumpfaden angelaufen wurden. Der k. u. k. Beamtenapparat griff nun beherzt und entschlossen durch und investierte in ein solides Verkehrsnetz, um die Schätze Istriens heben zu können. Man schickte Ingenieure und Geometer aus, das dafür infrage kommende Terrain zu sondieren und die für Bahnlinien geeignetsten Routen aufzuspüren. 1873 wurde die Strecke Pivka–Rijeka eröffnet, womit die Anbindung an Wien und Budapest gelungen war. Am 20. September 1876 fuhr die erste Lokomotive vom slowenischen Divača die Abhänge der Ćićarija entlang bis nach Pazin und weiter nach Kanfanar und Pula: Spätestens jetzt war Istrien ökonomisch und militärstrategisch stärker an das übrige Europa angeschlossen.

Auch der prosperierende Tourismus profitierte von den Segnungen der modernen Technik. Das Seebad Abbazia war nun deutlich bequemer zu erreichen und die Fahrt zudem von spektakulären Aussichten und Abschnitten über Viadukte und Dämme oder durch Tunnel gekrönt. Zugleich diente das Verlegen der Geleise der Erschließung jener Gebiete, in denen der Aufschwung des Alpinismus Neugierige anlockte. Wanderer verließen ihr Abteil in Lupoglav, wo sie von Einheimischen erwartet wurden, die sie bei ihren Gipfelstürmen im Učka-

und Ćićarija-Gebirge begleiteten: »höchstlohnende Partien«, wie man für derlei Exkursionen warb.

Während die Züge zusehends mehr Passagiere und Waren vom Norden in den Süden verluden und wieder zurück, blieb der Nordwesten Istriens Stiefkind der Verkehrsplaner. Es dauerte bis Mai 1900, ehe man den Bau jener Zugstrecke anordnete, die Reisen von Triest nach Poreč und weiter nach Canfanaro, dem heutigen Kanfanar, erleichtern sollte. Die TPC, wie sie hieß, wurde bald schon als »tassa perpetua comunale« verspottet, als konstante Gemeindesteuer, angesichts der nicht enden wollenden Pannen bei der Errichtung der Trassen. Entsprechend war kaum jemand zugegen, als am 1. April 1902 der erste Zug von Triest losdampfte. Die Einladung zur Einweihung hatte man für einen Aprilscherz gehalten. Zumindest die Zeitungen vermeldeten den durchaus imposanten Steckbrief der Parenzana, wie man sie nannte, nach Parenz, dem deutschen Namen für Poreč: sechshundertvier Kurven, elf Brücken, sechs Viadukte, acht Tunnels und fünfunddreißig Haltestellen.

Für die Dörfer und Städte an der Bahnlinie begann die Fahrt in eine bessere Zukunft. Die hundertdreiundzwanzig Kilometer lange Strecke begründete einen abermaligen, wenngleich zaghaften wirtschaftlichen Aufschwung. Wein und Olivenöl aus der Umgebung von Buje und Motovun, Salz aus den Salinen in Piran und Sečovlje, Stein, Kalk, Kohle und Holz konnten fortan schneller in die Handelszentren verbracht und dort verkauft werden.

Zugleich sorgte die Parenzana für den Zustrom der Touristen, denen so manche Abwechslung geboten wurde. Die Fahrzeit von Triest nach Poreč betrug knapp sieben Stunden, bei einer Durchschnittsgeschwindigkeit von fünfundzwanzig Stundenkilometern. Die Anstiege waren mitunter so steil, dass der Lokomotivführer das Tempo der Zugmaschine drosselte, was den Passagieren die Möglichkeit gab, kurz auszusteigen und sich die Füße zu vertreten.

Der Betrieb der Parenzana, die nach 1924 in das italienische Bahnnetz integriert worden war, wurde am 31. August 1935 aufgegeben. Fortan übernahmen Busse die Beförderung von Gütern und Fahrgästen. Die Geleise wurden abmontiert, das Gelände der früheren Trassen verwilderte. Bis man die Strecke 2008 wiederbelebte und in einen grenzüberschreitenden Radweg verwandelte. Gemächlich und am besten mit Mountainbikes lassen sich die Landstriche zwischen Triest, Muggia und Izola, Portorož, Buje, Livade, Motovun und Poreč in drei bis vier Tagen erkunden. Eine Tour von der Küste in die Weite der Wälder, Felder und Wiesen, vorbei an Olivenhainen und Weingärten, an aufgelassenen Bahnstationen, kleinen Museen und Infotafeln, die von den Sternstunden des Zugverkehrs berichten: die vielleicht schönste Art, Istrien zu erkunden und dabei noch auf eine der anderen Radrouten abzubiegen. Biken boomt auch hier.

Und das Ende der Schienen? Durchaus rühmlich. Als Mussolini im Oktober 1936 seine Truppen ausschickte, das Kaiserreich Äthiopien zu erobern, befahl er, die Geleise der Parenzana nach Ostafrika zu verfrachten, wo sie eingeschmolzen und das Rohmaterial neuen Nutzungen zugeführt werden sollte: als Kanonenkugeln in der Schlacht. Doch die Fuhre kam nie an, das Schiff schlug leck und ging unter. Seither liegt ein Stück Parenzana im Mittelmeer begraben. Ganz und gar friedlich.

Schiff ohne Anker

Pula und die Weite des Horizonts

Eigentlich könnte alles so wunderbar sein. Das Sonnenlicht tanzt golden auf den Wellen, die Pinien duften nach Harz, der Geruch von Thymian, Salbei und Rosmarin liegt in der Luft, von Salz auf der Haut. Sommer im Süden. Es ist heiß in diesem Juli 1914, das ideale Wetter für Ferienwochen am Meer. Und doch liegt ein Schatten über der Insel Lošinj. Vor ein paar Wochen, am 28. Juni, sind der österreichische Thronfolger, Erzherzog Franz Ferdinand, und seine Gattin, Herzogin Sophie von Hohenberg, Opfer eines Attentats geworden. Als Österreich-Ungarn dem Königreich Serbien vier Wochen später den Krieg erklärt, werden die Urlauber unruhig. Zugleich aber macht sich Begeisterung breit: Auch Hermann Pfeiffer, Arzt und Pathologe aus Graz und mit Frau und Söhnchen in einer Pension in Strandnähe einquartiert, meint, den Ruf des Vaterlandes zu vernehmen. Er bricht umgehend in die Heimat auf, um sich als Arzt zur Mobilisierung anzumelden. Zu seiner Enttäuschung weist man sein Ansinnen mit dem Argument zurück, er sei zu sehr Theoretiker, um ins Feld zu ziehen.

Pfeiffer reist unverrichteter Dinge nach Lošinj zurück, in der Hoffnung, seine Ferien weiter zu genießen. Als jedoch England am 4. August in den Krieg eintritt, wird ihm klar, dass es nun gilt, sich und seine Lieben schnellstens heimwärts zu verfrachten. Er bucht Tickets für die »Baron Gautsch«. Das im Mai 1908 im schottischen Dundee vom Stapel gelassene Dampfschiff steht im Besitz des Österreichischen Lloyd und dient dem Passagierverkehr zwischen Triest und den Hafenstädten in Istrien und Dalmatien. Gerade eben noch hat die »Baron Gautsch«, von der k. u. k. Kriegsmarine kurzzeitig eingezogen, Versorgungstruppen ins dalmatinische Kotor befördert. Nun soll es Feriengäste aufsammeln und evakuieren.

Am 13. August startet der Dampfer in Lošinj mit etwas Verspätung gegen elf Uhr vormittags. Hermann Pfeiffer, seine Frau Grete, der dreijährige Erny und dessen Kindermädchen Fritzi freuen sich auf die Fahrt. Die Stimmung an Bord ist heiter, viele sind froh, der drohenden Gefahr in ihr vermeintlich sicheres Zuhause zu entkommen. Das Wetter ist gut, der Himmel wolkenlos, die See ruhig und der Lunch gewohnt delikat. Danach verschwindet Erny unter Fritzis Aufsicht in einer der Kabinen, um sein Mittagsschläfchen zu halten, während sich seine Eltern an dem Blick vom Promenadendeck ergötzen. Hermann Pfeiffer wundert sich über die Route, die Kapitän Paul Winter angeordnet hat. Die »Baron Gautsch« steuert nicht wie sonst auf Pula und den Kanal von Fasano zu, sondern streift die Brioni-Inseln auf der südwestlichen Seite. Es sind Schüsse zu hören, Manöverübungen für Krisenfälle, wie Pfeiffer vermutet. Kein Grund zur Sorge. Bis plötzlich ein mächtiger Stoß durch den Schiffskörper fährt, gefolgt von einem Klirren, Prasseln und Splittern. Holz, Eisenteile und Glas fliegen durch die Luft und krachen aufs Deck. Die »Baron Gautsch« ist mit einer Mine kollidiert, kippt nach Backbord und beginnt zu sinken.

Das Unglück bedeutet für hundertsiebenundvierzig zivile Opfer den Tod und nimmt damit die Gräuel des Ersten Weltkriegs vorweg, noch ehe die wirklich großen Schlachten geschlagen sind. Ironie des Schicksals, dass diese Menschen nicht durch Aggressionen des Feindes umgekommen sind, sondern durch Vorsichtsmaßnahmen aus den eigenen Reihen: Man hat die Minen ausgelegt, um den Marinestützpunkt Pula, den größten Militärhafen der k. u. k. Monarchie, vor gegnerischen Angriffen zu schützen. Hermann Pfeiffer überlebt und schreibt seine Erinnerungen kurz nach seiner Rettung nieder: ein privates Dokument, entstanden für seinen Sohn. Doch es ist mehr als das. Die überaus plastischen Schilderungen der Ereignisse wirken wie Vorboten der Neuordnung von Europa, die sich anbahnt.

An jenem 13. August 1914 geraten die Passagiere in wilde Panik, als die »Baron Gautsch« auf eine Mine aufläuft. Hermann Pfeiffer und seine Frau Grete rennen unter Deck, reißen den kleinen Erny aus dem Schlaf und kleiden ihn notdürftig an. In der Eile kann ihm seine Mutter gerade noch die linke Sandale überstreifen, die rechte bleibt in der

Kabine. Dann hasten die drei gemeinsam mit dem Kindermädchen zurück aufs Promenadendeck in der Hoffnung, Rettungsreifen zu ergattern. Weiße Dampfwolken lassen erahnen, dass auch die Kessel von der Detonation getroffen sind. Würde nun Feuer ausbrechen? Das Schiff neigt sich immer rasanter, bis das Verdeck wie eine Mauer senkrecht in den Wellen steht. Als ein Brausen und Gurgeln aufbrandet, ist allen klar: Die »Baron Gautsch« ist verloren. Sieben Minuten nach der Explosion der Mine, so Hermann Pfeiffers Protokoll, stürzen die Fluten über die zweihundertvierzig Passagiere und sechsundsechzig Besatzungsmitglieder herein. Wem es nicht glückt, sich aus dem Inneren des havarierten Schiffes zu befreien, erliegt seinen Verletzungen oder ertrinkt.

Hermann Pfeiffer hält Erny in seinen Armen, als die Wucht des Wassers über ihn hereinbricht und die beiden auseinanderzureißen droht. »Ich fühle, wie du mir entgleitest, dein nasses, glitschiges Körperchen mir keinen Halt gibt, ich vergebens an einem Bein (es ist das linke) hinabgleite –! Da kommt am Füßlein mir was Festes in die Hand, die mag nun zupacken! Ich halte nur mehr deinen linken Fuß, den aber mit einer Kraft fest, wie sie nur die Verzweiflung uns eingibt. Die Sandale! Die Sandale, schießt's mir durch den Sinn. Deiner Mutter letzter Liebesdienst hat dir so das Leben gerettet.«

Es gelingt dem Vater, sich und seinen Sohn aus dem Deck zu befreien. Das kalte Wasser ist inzwischen schwarz vom ausgelaufenen Öl, das Schwimmen wird anstrengend. Es dauert schier endlos, bis drei Zerstörer, die man von Pula ausgeschickt hat, die Schiffbrüchigen an Bord nehmen und sie an Land bringen, wo sie im Marinespital versorgt werden. Für hundertsiebenundvierzig Passagiere aber kommt jede Hilfe zu spät. Grete Pfeiffer ist unter ihnen, auch das Kindermädchen Fritzi.

Ihr Mann ist wahnsinnig vor Schmerz. Er ist zurück in Graz und wird bald in die Schlacht ziehen, als er seinen Bericht verfasst, als eine Form der Trauerarbeit im Gedenken an seine geliebte Frau. Angesichts der Gefahr, in die er sich als Vater im Feld begeben wird, möchte er seinen Nachruf dem kleinen Erny hinterlassen: auf dass der Bub seine Mutter nie vergesse. Die mit Öl durchtränkte Sandale, die dem Buben das Leben gerettet hat, wird zum Familienerbstück.

Dass diese historisch so kostbare, private Niederschrift doch noch an die Öffentlichkeit gelangte, verdankt sich der Enkelin des Verfassers, Ingrid Pfeiffer. Sie hat den Text editiert und ihn, mit einem klugen Essay versehen, unter dem Titel »Halte Dich dicht an mich und eile!« in einem schmalen Bändchen publiziert. Die Beschreibung der Sommermonate 1914, die für ihren Großvater im tragischen Untergang der »Baron Gautsch« gipfelten, spiegelt die Stimmung jener Tage und Wochen, da sich der Erste Weltkrieg anschickte, die Landkarten neu zu zeichnen. Und auch wir Nachgeborenen spüren in Pfeiffers sinnlich und packend gestaltetem Text die Anzeichen jenes politischen Bebens, das Istrien und die Kvarner Bucht aus den Armen der Habsburger riss und unter die Herrschaft Italiens zwang, als Außenposten einer Monarchie, in der Slowenen und Kroaten zu ungeliebten Minderheiten zählten.

Meine eigenen Erinnerungen an Istrien reichen zurück in jene Jahre, da ich zusammen mit dem Fotografen Christoph Lingg in den Dörfern und Städten der Halbinsel alte Gräberfelder durchkämmt und »Vergessener Völker Müdigkeiten« aufgespürt habe, wie wir unser Buch über die Friedhöfe in den Kronländern der ehemaligen k. u. k. Monarchie nannten. Eine der Stationen der gleichnamigen Ausstellung war Pula. Zur Eröffnung Mitte Januar 2001 reiste ich an, aufs Schönste überrascht vom überaus prächtigen Rahmen der Schau. Sie wurde sinnigerweise im einstigen k. u. k. Offizierskasino gezeigt, in einem eindrücklichen Ambiente: ein 1913 von Ludwig Baumann entworfenes Palais mit Wintergarten, dorischen Säulen und mit Marmor, Stuck und Kronleuchtern dekorierten Sälen und Gesellschaftsräumen, in denen sich ehedem die Flottenkapitäne und Beamten und deren Entourage zu unterhaltsamen Abenden, Konzerten oder zum Essen eingefunden hatten.

Weit weniger nobel waren die Gäste bei der Vernissage: kroatische Kriegsveteranen und die Besucher der Marine-Bibliothek. Die Ausstellungseröffnung wurde zur fast gespenstischen Zeitreise. Ältere Herren, einige in Uniform, andere sehr korrekt in abgetragenen Anzügen und Krawatte, schlenderten von Bildern zu Texttafeln, um dann die Reste eines leicht antiquierten Deutsch zu aktivieren, mich anzusprechen und mit verklärtem Blick Anekdoten und Erinnerungen auszupacken. Sie erzählten von Vätern und Großvätern im Dienst des Kaisers, von Tante Marias Buchteln und dem Album mit vergilbten Bildern des Sisi-Denkmals, das die Italiener sofort einschmolzen, als sie Pola, wie die Stadt in jenen Tagen hieß, ihrem Reich einverleibten. Eine Welt von Gestern, sentimental beschworen und für ein paar Stunden lebendig vor meinem Auge.

Nun, es sind etliche Jahre vergangen, bin ich neuerlich in Pula. Gemeinsam mit dem Fotografen Torsten Heydrich steuere ich den Marine-Friedhof an, um die Gräber der Toten zu finden, die nach dem Kentern der »Baron Gautsch« hier bestattet wurden. Viele der Toten wurden heimgeholt, andere konnten nicht identifiziert und transferiert werden. Hinter hohen Mauern, die den Straßenlärm aussperren, müssen sie liegen, unter Zypressen und Kastanienbäumen, zwischen k. u. k. See-Kadetten, Marine-Comissariats-Adjunkten und Linienschiffs-Lieutnants. So zumindest hat man es mir avisiert. Doch mein Streifzug über den Gottesacker läuft ins Leere. Winde und Sturm haben an den Grabsteinen gezerrt, Moose und Flechten sind über die Lettern gekrochen und haben die Namen und Daten der Toten zum Verschwinden gebracht. Besonders die kleineren, unauffälligen Gräber versinken im Boden. Niemand mehr da, der für sie sorgt. Die Natur überwuchert die Geschichte. Auch in der Innenstadt und in den Hügeln um Pula, wo sich klassizistische Gebäude und Villen gegen den Verfall auflehnen.

Auf den Spuren der Habsburger flaniere ich durch die Gassen mit den Souvenirgeschäften, Bars und Lokalen, bewundere das frühere Hotel Riviera mit seinen neobarocken Dekorationen, wie man sie von der Wiener Ringstraßenarchitektur kennt, und die Markthalle in der istrischen Ausprägung des Jugendstils. Die Erinnerung an die Ära der k. u. k. Herrlichkeiten aber verliert sich im Schatten der römischen Pracht. Triumphbogen und Tempelreste drängen sich vor. Das Amphitheater, das unter Kaiser Augustus zum bedeutenden Verwaltungszentrum aufgestiegen ist, dominiert Pula bis heute. Kaiser Vespasian ließ es um 81 n. Chr. in der jetzigen Form errichten, als Liebesbeweis für seine Konkubine Antonia Caenis, eine ursprünglich aus dieser Gegend stammende Sklavin. Hier wurden Gladiatorenkämpfe und Seeschlachten für über zwanzigtausend Zuschauer in Szene gesetzt, bei denen mitunter die gesamte Arena geflutet wurde.

Pula, im 10. Jahrhundert v. Chr. besiedelt und damit Istriens älteste Stadt, erlebte mit den Römern eine Blüte. Mit Auflösung des Imperium Romanum weckten die Handelsstützpunkte an der Küste die Begehrlichkeiten der Ostgoten, Byzantiner und Franken. Bis Pula in den Besitz Venedigs fiel. Unter der Regentschaft der Dogen stagnierte die Stadt, zusätzlich gebeutelt durch Pest und Malaria. Man schöpfte erst wieder Hoffnung, als neue Herrscher einzogen: Venedig und seine Flotte waren 1797 an die Habsburger gefallen, man verfügte daher über eine ansehnliche Zahl an Schiffen. Die Revolution von 1848 zeigte jedoch, dass man auf die Loyalität der Lagunenbewohner nicht setzen konnte. Also entschied Kaiser Franz Joseph I., die Docks und Ankerplätze von Pula ausbauen zu lassen, um die Marine dort zu stationieren und seine Seepolitik zu reformieren. Dafür entstanden mächtige Forts und Panzertürme, Arsenale und Kasernen.

In jenen Zeiten erfuhr Istriens heimliche Kapitale einen ordentlichen Aufschwung. Aus allen Regionen der Monarchie wanderten Kapitäne, Offiziere, Seeleute und Beamte zu, und mit ihnen Ärzte, Journalisten und Cafetiers, Anwälte und Lehrer. Für sie und ihre Familien wuchsen moderne Wohngebäude, Villen, Theater und Schulen aus dem Boden. Als die Anbindung an die Istrianer Staatsbahn gelungen war und der dazugehörige Bahnhof feierlich eingeweiht wurde, war Pulas Ruf als Hafenmetropole endgültig befestigt, auch wenn der Wohlstand nur eine schmale Oberschicht erreichte. Das größtenteils deutschsprachige Bürgertum sah herab auf die Italiener, die sich mit Handel, Handwerk und Fischfang durchschlugen, und noch mehr auf die bitterarmen kroatischen und slowenischen Bauern des Umlands.

Zumindest nach außen hin gab man sich kosmopolitisch und offen: eine Stadt mit weitem Horizont. Industriebetriebe und Werften siedelten sich an, und mit ihnen einen Gemeinschaft, die sich über den Zugang zu den Weltmeeren definierte.

Man traf sich im Marine-Kasino, in der Marine-Garnisonskirche oder, wenn es sein musste, im Marine-Spital. Von der Marine-Sternwarte aus entdeckte der Astronom Johann Palisa die ersten der von ihm aufgespürten, insgesamt über hundertzwanzig Asteroiden. Auf Trocken- und Schwimmdocks trainierte man für den Ernstfall, der mit Beginn des Ersten Weltkriegs eintrat.

Der militärische Zusammenbruch der Donaumonarchie mündete am 11. November 1918 in die Abdankung Kaiser Karls I. Kurz zuvor hatte er versucht, die noch verbliebenen Schiffe der südslawischen Marine zu übergeben, in der Hoffnung, sich so den Einfluss an der Adria ein Stück weit zu sichern: getrieben vom Unvermögen, das Ende des Hauses Habsburg anzuerkennen. Auf den Booten und Tankern, die in Pula vor Anker lagen, wurde am 31. Oktober 1918 die Flagge Österreich-Ungarns eingezogen. Auch auf der »Viribus Unitis«, Aushängeschild der Flotte, die fortan den Namen »Jugoslavija« tragen sollte. Dazu kam es nicht mehr: Das Schlachtschiff wurde von den Italienern in der Bucht von Pula versenkt. Über vierhundert Männer fanden dabei den Tod. Das Ende eines grausamen Krieges und einer Ära.

Davon ahnte Hermann Pfeiffer nichts, als er sich im Sommer 1914 für eine »Strafexpedition« gegen die serbische »Mörderbande« aussprach. Er glaubte an seinen Kaiser und dessen Legitimation. Der Untergang der »Baron Gautsch« erschütterte sein Selbstbewusstsein und das Vertrauen in einen guten Ausgang der nun folgenden Gefechte. Das gesunkene Schiff wurde zum Sinnbild einer verlorenen Welt – und die Ermittlung der Schuldfrage zum Ziel zahlreicher Spekulationen. Die Untersuchungen brachten nach und nach die Gründe für das Sinken der »Baron Gautsch« und die hohe Zahl der Toten ans Licht. Kapitän Paul Winter und der Erste Offizier Josef Luppis überlebten die Tragödie. Im Prozess warf man ihnen vor, für das Unglück mit den hundertsiebenundvierzig Todesopfern mit verantwortlich zu sein: Winter hatte zu Beginn der Katastrophe in seiner Kajüte geschlafen, Luppis war unerlaubt fünfzehn Minuten vor Ende seiner Dienstzeit von der Brücke abgezogen, um sein Mittagessen einzunehmen. Es fiel also niemandem auf, dass das Schiff von der offiziell angeordneten Route abkam und sich im frisch verminten Seegelände vor der Küste bewegte. Warnsignale eines Minenlegers wurden ignoriert, die Wende zu spät eingeleitet. Gleich nach der Explosion flüchtete der Kapitän mit seiner Besatzung auf Rettungsboote und überließ die schwer überforderten Passagiere sich selbst und ihrem Schicksal.

Einzelheiten über das Gerichtsverfahren und die Urteilssprüche wurden nie publik gemacht, um die Kriegsmoral nicht zu untergraben. Die Hinterbliebenen entschädigte man mit einem so lächerlich geringen Betrag, dass viele ihn nicht anerkannten und eine juristische Expertise in Auftrag gaben. Fast alle Akten zu den weiterführenden Prozessen haben der Brand des Wiener Justizpalastes am 15.

Juli 1927 und der Novemberpogrom 1938 zerstört: Der Anwalt, der die Kläger vertrat, war Jude.

Paul Winter und Josef Luppis kehrten umgehend in ihr Arbeitsverhältnis beim Lloyd Adriatico zurück und befehligten in den zwanziger Jahren wieder Transatlantik-Liner. Da war die »Baron Gautsch« längst auf dem Meeresgrund im Hoheitsgebiet von Rovinj gestrandet. Wo die Überreste des havarierten Schiffes genau lagen, wussten die Einheimischen natürlich. Immer wieder versuchten sie verbotenerweise, Wertgegenstände aus den Trümmern zu stehlen. Die verrotteten Bruchstücke wurden schließlich zum nationalen Kulturdenkmal erhoben, ein von Algen und Seetang überwuchertes Gerippe aus Stahl, von Fischen und Plankton in Besitz genommen.

Tags darauf, ich habe Pula gen Norden verlassen, spaziere ich durch Rovinj. Und siehe da: Auf der Hauptstraße entdecke ich ein Plakat mit der Einladung, zur »Baron Gautsch« abzutauchen, einem der legendenumwittertsten Wracks der Adria. Natürlich mit offizieller Erlaubnis der Behörden und begleitet von einem Guide. Noch scheint nicht alles im Vergessen versunken.

Feuer im Meer der Niedertracht

Gabriele D'Annunzios fataler Traum von der Erlösung Rijekas

Da sitzt er nun, in seinem Kabuff, oder eigentlich: Sein Bildnis hängt an der Wand, das Porträt eines miesepetrigen Signore in seinen späten Fünfzigern, graugrüne Uniform, weißes Hemd und schwarze Krawatte, auf dem Kopf ein sonderbarer Hut. Der bittere Zug um den Mund ist wohl Zeichen seines Missfallens: Das Durchgangszimmer, schlicht gestaltet mit einem klobigen Schreibtisch und einigen Autografen und Briefen unter einer Glasplatte, spiegelt seinen Abstieg. Man hat ihn in die Rumpelkammer der Vergangenheit verbannt.

Ein paar dürre Exponate müssen genügen als kritisches Andenken an einen Mann, den Rijeka lieber vergessen möchte: Gabriele D'Annunzio. Im einstigen Gouverneurspalast, nunmehr das »Seefahrts- und Geschichtsmuseum des Kroatischen Küstenlandes«, hat man ihm einen Platz auf den hinteren Reihen der Bedeutung eingeräumt. Wogegen er zu Lebzeiten lauthals rebelliert hätte. An D'Annunzio war alles groß: Selbstbewusstsein, Ansprüche und Ambitionen. In Rijeka, seinem Fiume, wie die Stadt auf Italienisch heißt, suchte er sich als Duce zu verwirklichen: nach einer widerrechtlichen Annexion einer Stadt, die unter seiner Regentschaft festen Schrittes gen Diktatur zog und darin zum Vorbild für Mussolinis Marsch auf Rom avancierte.

Rijeka hat die Erinnerung an jene Epoche in ein winziges Kämmerchen gesperrt. Dort soll sie bleiben, als Fußnote der Geschichte und Mahnmal, hoch über den Dächern der Stadt und den quirligen Straßen und Gassen im Hafenbecken. Der Korzo mit seiner die Fantasie anregenden Abfolge von Gebäuden aus Barock, Historismus, Sezessionismus und Moderne ist das Herz der Stadt, die St. Veits-Kathedrale, errichtet nach dem Vorbild der venezianischen Salute-Kirche, ihr religiöses Zentrum. Das von Fellner und Helmer geplante Theater war der kulturelle Nabel Rijekas und der Fisch- und Bauernmarkt sein Bauch. Rund um die beiden mit Köstlichkeiten aus dem Meer und dem gebirgigen Hinterland reich bestückten Pavillons erstreckt sich heute die Fressmeile, in der die lokale sowie internationale Küche Feinschmecker anlockt. Und nicht nur sie. Das in den Jahren der Regierung Titos ziemlich düstere, zurückhaltende Rijeka zeigt sein Temperament und hat sich 2020 als Kulturhauptstadt herausgeputzt. Das Tor zur Welt steht wieder einladend weit offen. Fast so wie früher.

Auch für Gabriele D'Annunzio schien Fiume ein Versprechen bereitzuhalten. Der Dichter, ein unattraktiver, kahlköpfiger, aber charismatischer Erotomane, galt als Dandy, der sich mit seinem exquisiten Geschmack brüstete und seinen Stil bis ins Exzentrische hinein ästhetisierte: Schuhe in sämtlichen Lederarten und Farbtönen, Handschuhe, Hüte und

Düfte zum jeweiligen Outfit, vorzugsweise Uniformen, passend. So inszenierte er sich und sein Tun als Gesamtkunstwerk und folgte manisch seiner Obsession, als Abenteurer und Held in die Annalen Italiens einzugehen.

In Fiume zieht D'Annunzio aus, ein Unrecht zu rächen. Bei Ende des Ersten Weltkriegs im November 1918 hatten zwei Drittel der größtenteils italienischen Bewohner der Stadt den Anschluss an das »Mutterland« Italien verlangt. Wogegen sich US-Präsident Woodrow Wilson, der sich zugleich mit den Forderungen des Königsreichs der Serben, Kroaten und Slowenen konfrontiert sah, standhaft wehrte. Angesichts dieser schwierigen Ausgangslage einigten sich die Premierminister von Frankreich und Großbritannien, Georges Clemenceau und David Lloyd George, im August 1919 darauf, Rijeka unter Aufsicht des Völkerbunds zu stellen. Zugleich wurden die italienischen Besatzer angewiesen, das Gebiet ehebaldigst zu verlassen, was Unmut und Rachegelüste unter den Offizieren des zurückbeorderten Regiments der »Granatieri di Sardegna« schürte. Sie beschlossen, sich an den »Dichtersoldaten Italiens« zu wenden und ihn um Hilfe anzuflehen.

D'Annunzio fühlt sich geschmeichelt und sieht sich sogleich in einer applausträchtigen Rolle wieder. Zumal er sehen muss, wo er bleibt, denn er ist pleite. Da kommt ihm ein Angebot wie dieses gerade recht. Er ist ein Verschwender und äußerst exaltiert in seinen Begehrlichkeiten. Schon einmal ist er seinen Gläubigern nach Frankreich entflohen. Doch man hat ihn bei freiem Geleit in die Heimat zitiert: als Agitator von nationaler Bedeutung, so der Wortlaut. Er wusste sich dafür gebührend zu bedanken, stimmte ein Lied auf den Krieg an, in den Italien im Mai 1915 eintrat, schürte die Begeisterung für Patriotismus und Siegeswillen und zögerte nicht, sich selbst in die Schlacht zu werfen. Als er verwundet wurde und sein linkes Auge verlor, feierte er seine Blessuren als heilige Opfer fürs Vaterland.

Noch kurz vor Kriegsende nahm D'Annunzio eines seiner durchaus originellen Husarenstücke in Angriff: Als begeisterter Pilot startete er am 9. August 1918 mit einer Fliegerstaffel zu seinem legendären Flug über Wien, um ein Pamphlet abzuwerfen. Es gelang ihm wie durch ein Wunder, die feindlichen Linien zu durchdringen, und bis ins Zentrum der Donaumetropole vorzustoßen. Dort ließ er Flugblätter vom Himmel regnen mit dem Appell an Österreich, sich nicht länger von den Deutschen erniedrigen zu lassen, sondern sich stattdessen den Italienern anzuschließen. Ein kühnes Vorpreschen, und für den Dichter ein literarisch überhöhtes Schauspiel mit ihm selbst als umjubeltem Autor, Regisseur und Hauptdarsteller.

Nach dem Waffenstillstand fühlt er sich »unnütz und abscheulich«, wie D'Annunzio seiner damaligen Geliebten Olga Levi Brunner anvertraut. Bis er im September 1919 eine neue Bühne für seine theatralischen Selbstinszenierungen wittert – und einen

Fluchtweg aus dem drohenden Ruin. Er schließt sich den Arditi an, Mitgliedern der einstigen Sturmtruppen, einer rechtsextremen, paramilitärischen Organisation, und wird zu deren Befehlshaber. Italien habe es nicht verdient, so sein Aufruf, eine »vittoria mutilata« einzustecken, einen verstümmelten Sieg also: Fiume müsse unbedingt von der Fremdherrschaft erlöst und heimgeholt werden ins Reich. Gemeinsam brechen die gut zweitausend Männer am 11. September 1919 im friulanischen Ronchi bei Monfalcone auf, um Fiume anzusteuern und zu erstürmen. Eine Kolonne von Lastwagen, Privatautos und Panzern wälzt sich südwärts, dirigiert von einem Dichterfürsten in einem roten Fiat 501. Gerade erst hat er seinem Freund Mussolini, damals Führer der außerparlamentarischen Rechten, einen Brief geschrieben und Großes angekündigt. »Die Würfel sind gefallen. Ich reise jetzt ab. Morgen Früh werde ich Fiume mit Waffengewalt einnehmen. Der Gott Italiens möge uns beistehen.« Gabriele D'Annunzio aber hat weit mehr vor als nur die Annexion einer Stadt, die er für Italien reklamiert. Er möchte dort die Utopie von einer von Grund auf reformierten, nach extravaganten Gesetzmäßigkeiten gestalteten Bewegung leben, mit sich selbst an der Spitze: ein Duce mit Hang zum Pathos und zum durchaus schrillen politischen Aktionismus.

Nichts kann ihn aufhalten. »Lassen Sie direkt auf mich schießen«, fordert er den General des alliierten Besatzungskorps auf, das die Stadt kontrolliert, und wirft sich in die Pose des wagemutigen Recken.

So erzwingt er den Durchmarsch. Am Vormittag des 12. September 1919 trifft der Zug in Fiume ein, jubelnd begrüßt von einer Menge hoffnungsfroher italienischer Bürger. Noch am selben Tag wird Gabriele D'Annunzio zum Gouverneur von Fiume ausgerufen. Als solcher tritt er am Abend auf die Terrasse jenes Palastes, in dem seine Vorgänger residiert hatten und das fortan sein Machtzentrum sein würde. Und dies auf historischem Boden. Begründet von den illyrischen Liburnern, war die Kolonie unter den Römern zum Castrum erhoben und um 700 von den Kroaten unterworfen worden. Eine Blüte erfuhr die Siedlung unter den Habsburgern, die ihr 1719 den Status als Freihafen gewährten und Gefühle der Konkurrenz mit Triest anstachelten. Fiume – auf Deutsch St. Veith am Flaum oder Pflaum – wuchs zu einer kosmopolitischen Metropole heran, heimlich regiert von der italienischsprachigen Bevölkerung. Über ihnen standen nur mehr die ungarischen Gouverneure, die in einem Palais oberhalb der Küste residierten und den für die königliche Reichshälfte der k. u. k. Monarchie wichtigsten Zugang zur Adria kontrollierten.

Auf dem Balkon eben jenes Anwesens bringt sich Gabriele D'Annunzio am Abend des 12. September 1919 vor seinen neuen Untertanen in Stellung. »Italiener von Fiume, hier bin ich.« Ein selbst ernannter Messias baut sich vor dem Volk auf, um in hochtrabend-überspannten Worten eine Zeitenwende anzukündigen. »In der verrückten und feigen Welt gibt es eine Sache: Fiume; es gibt eine einzige Wahrheit; und die ist Fiume; es gibt eine einzige Liebe: und die ist Fiume! Fiume ist der strahlende Leuchtturm, der Licht spendet inmitten des Meeres von Niedertracht.«

Jubel brandet auf. Gabriele D'Annunzio, der »Commandante«, wie er sich fortan nennt, gewinnt die Herzen in nur wenigen Stunden. Während italienische Nationalisten jubeln, reagiert Rom zurückhaltend auf die rechtswidrige Annektierung Fiumes. Man lässt D'Annunzio gewähren, aus Sorge, ihn und seine Arditi und Glücksritter in der Rolle der Märtyrer wiederzufinden. Es wird beschlossen, gemäßigt vorzugehen: Alliierte Truppen bewachen die Stadt, verzichten aber auf eine Blockade und Intervention.

Gabriele D'Annunzio genießt eine gefährliche Narrenfreiheit. Auf Plakaten, mit denen dic Mauern zugepflastert werden, gibt er die Parolen seiner Mission vor: »Italia o morte« ist da zu lesen. »Chi Fiume ferisce di Fiume perisce.« Italien oder der Tod, also. Wer Fiume verletzt, wird durch Fiume umkommen, so die Drohung. »Viva Gabriele D'Annunzio!« Die fünfzehn Monate der nach der Kvarner Bucht benannten »Reggenza Italiana del Carnaro« entpuppen sich als eine Ära, da eine von einem Demagogen in ekstatisch-überhöhter Manier gesteuerte Regierung stolze Gelöbnisse ablegt. Bürgerinnen und Bürgern würde sich der Weg zum Licht und zur brennenden Flamme – Lieblingssymbole D'Annunzios – uneingeschränkt öffnen. Die »Carta del Carnaro«, eine Form der Verfassung, enthält durchaus fortschrittliche Gedanken. Prominente Gewerkschafter haben am Entwurf mitgewirkt und zeigen nun ihre Handschrift: Die Gleichberechtigung von Frauen und Männern muss durchgesetzt, die Unabhängigkeit der Presse garantiert und ein Mindestlohn für jeden Bürger gesichert sein. Zudem gelten die Trennung zwischen Religion und Staat, die Toleranz aller Glaubensrichtungen und das aktive und passive Wahlrecht für Frauen.

Ein an sich vielversprechender Ansatz, der kaum je der politischen Realität entspricht. Die Verfassung hält zusätzlich noch jenen Passus bereit, wonach der Commandante im Krisenfall die uneingeschränkte Befehlsgewalt innehaben würde: der Grundstein jedweder Diktatur. Das freilich will kaum jemand wahrhaben. Die Stadt steckt in einer Dauerorgie fest, einer Feier von Jugend, Männlichkeit und Kraft, einem unentwegten Happening mit Massenaufmärschen, Festreden und Handstreichen: eine Form der poetischen Anarchie. Nacktbaden und Yoga reinigen den Geist, so das Credo, und läutern wild gewordene Revolutionäre zu formbaren Geschöpfen. D'Annunzio lebt sich mit seinen Fantasien von einer Gemeinschaft aus, die zum Exempel für die Zukunft der Welt avancieren soll, und zieht damit ein Heer merkwürdiger Anhänger an.

Die frühfaschistische Kommune trifft auf internationales Interesse. Mussolini stattet Fiume einen Besuch ab, und Guglielmo Marconi, Erfinder und Pionier der drahtlosen Radio- und Funktechnologie, legt mit seiner Jacht an. D'Annunzio schmeichelte ihm als »Meister der kosmischen Energie«, was diesen so begeistert, dass er von seinem Boot aus eine Rede des Commandante via Radio übertragen lässt – der Beginn der Verwendung eines Propagandainstruments, dessen sich später auch Hitler und Goebbels bedienen. Richard Huelsenbeck preist die Eroberung Fiumes als dadaistische Großtat, und selbst Arthur Toscanini bringt seinem Freund ein Ständchen, mit großem Orchester, versteht sich.

Sie alle sind geblendet von der Rhetorik eines Anführers, der wie ein gottähnliches Genie verehrt wird. Als am 15. Juni das Fest des Heiligen Veit zelebriert wird, Schutzpatron der erzkatholischen Gemeinde, befiehlt der Commandante, die Bilder des Heiligen gegen sein Foto auszutauschen. Er ist trunken vor Machtgier und beseelt von obskuren Fantasien. »Ich bin nicht mehr von mir selbst berauscht, sondern von meiner ganzen Rasse«, so sein lauthals verkündetes Geständnis. »Die Menge ist wie weiß glühendes Metall. Die Münder der Gussform sind offen. Eine riesige Statue wird gegossen.«

Gabriele D'Annunzio wird zum Einpeitscher des Faschismus, der Fiume, eine multikulturelle Hafenstadt, systematisch italianisiert. Er ordnet ethnische Säuberungen und Deportationen an und befiehlt, Sozialisten festzunehmen. Die Besatzer schaffen es, ungezählte Existenzen zu zerstören: fast ausnahmslos Menschen nicht-italienischer Herkunft. Je länger das Experiment andauert, umso fataler zeigt sich dessen Marschrichtung.

Mit dem Friedensvertrag von Rapallo im November 1920 scheint der Spuk endlich vorbei. Das Königreich von Italien und das der Serben, Kroaten und Slowenen einigen sich, Rijeka und sein Hinterland zum Freistaat zu erklären. Ein schwerer Schlag für D'Annunzio. Mussolini, der ihn ohnehin nur halbherzig unterstützt hat, fällt von ihm ab. Die Kunde von Vergewaltigungen, Diebstahl und Übergriffen auf ethnische Minderheiten hat Rom längst erreicht. Der Duce von Fiume aber schlägt diverse Ultimaten, das Feld zu räumen, in den Wind. Bis die italienische Regierung das Schlachtschiff »Andrea Doria« ausschickt, um die Stadt zu beschießen und das Regime der Legionäre und Umstürzler zu brechen. Die Kämpfe, die am 24. Dezember beginnen und auch den Gouverneurspalast treffen, dauern nur wenige Tage. Sie fordern fünfzig Todesopfer und gehen unter dem Namen »Natale di sangue«, das Weihnachten des Blutes, in die Annalen Rijekas ein.

Am 31. Dezember 1920 gibt D'Annunzio seinen Getreuen das Zeichen zur Kapitulation. Er zieht sich ins Privatleben zurück und beobachtet, wie sich Mussolini eben jener Choreografien und Symbole bedient, die in Rijeka geboren wurden: die schwarzen Hemden mit den aufgedruckten Totenköpfen, der zum römischen Gruß gereckte Arm, die Aufmärsche in Uniformen und mit Fackeln, die Freikörperkultur und Männlichkeitsriten und die pathetischen Hetzreden eines talentierten Demagogen. Ähnlich peitschen sich später der Duce und Hitler an die Macht. Rijeka gilt seither als jener Ort, an dem der Faschismus mit seiner Manipulation der Massen geboren wurde.

Der Freistaat Fiume aber existierte bis zum 27. Januar 1924. Der nun geschlossene Vertrag sah eine Teilung des Gebietes vor. Die Stadt selbst wurde von Italien beansprucht, den Vorort Sušak und einen Teil des Hafens reklamierte die serbisch-kroatisch-slowenische Regierung für sich. Fiume geriet unter die Herrschaft Roms und wurde nach Ende des Zweiten Weltkriegs an Titos jungen Staat abgetreten. Worauf ein Exodus der Italiener einsetzte.

Das heutige Rijeka kann mit D'Annunzio wenig anfangen. Zumal man von hier aus mit Besorgnis gen Westen schaut, ans andere Ufer der Adria. Rom protegiert die italienische Minderheit, die heute nur mehr etwa zwei Prozent der Bevölkerung umfasst. Es gibt mehrere italienischsprachige Schulen, eine Tageszeitung und die »Gemeinschaft der Italiener von Fiume«. Seit Italien immer stärker nach rechts rückt und der Nationalismus zur Regierungslinie gehört, wächst das Misstrauen. Und als Triest 2019, anlässlich des hundertsten Jahrestags der Eroberung Rijekas, eine Bronzestatue für Gabriele D'Annunzio positionierte, um in bester Lage – im Stadtzentrum, direkt vor der Börse – sein Andenken zu bewahren, verursachte dies ernsthafte diplomatische Verstimmungen.

Im Gouverneurspalast erteilt man jedweder Heldenverehrung eine Absage. Die Gravur der Arditi, eingeritzt in den Seitenarm der pompösen Freitreppe, ist hinter einer Tafel versteckt. Ihr Anführer bleibt in sein Kämmerchen eingesperrt, als wenig glamouröse, in ihrer seltsamen Adjustierung und mit dem sonderbaren Hütchen geradezu lächerliche Figur. Die meisten Besucher flanieren an ihm vorbei, ohne ihn eines Blickes zu würdigen. Der tiefe Fall des Gabriele D'Annunzio.

Licht und Schatten

Auf Rab liegen Idylle und Schrecken eng beisammen

So könnte Arkadien aussehen. Ein altes Kirchlein, oder zumindest die Ruinen davon, wie ein Findling in einen duftenden Pinienwald gesetzt, direkt oberhalb des türkis schimmernden Meeres. Während die Möwen über die Bucht segeln, trotten wilde Schafe zu den Lichtungen, wo frisches Gras sprießt. Und über allem der tiefblaue Himmel: das Versprechen für einen Tag voller Freuden und Überraschungen.

Die Kapelle der heiligen Mara, dereinst als Einsiedelei auf der Landzunge von Kalifront erbaut, ist eine von insgesamt dreißig Stationen von drei neuen Wander- und Radrouten: Als »Archaeological Traces« durchqueren sie die kroatische Adriainsel Rab auf den Spuren ihres Erbes, das bis in die Antike zurückreicht. Nekropolen erzählen von den Bewohnern prähistorischer Kolonien, die Fundamente früherer Villen von den Zeiten, da die Römer Olivenhaine pflanzten und sich dem beseelten Müßiggang hingaben. Reste von Kalköfen oder Minen hingegen berichten von Köhlern und Bergleuten, die sich jahrhundertelang in harter Arbeit um die Kultivierung des Landes bemühten und Bodenschätze wie Bauxit förderten. Ganz en passant streifen die Wege dann auch noch eine Vielzahl betörend schöner Ecken: versteckte Badeplätze mit Sand- und Steinbänken, bizarre Felsformationen, die unsere Fantasie auf die Reise schicken, oder Aussichtspunkte mit prächtigem Panorama, von den Gipfeln des Kamenjak und des Velebit-Gebirges bis hinüber nach Cres, Lošinj oder Pag.

Die Augen aber bleiben auf den Kuppen eines versunkenen Bergmassivs hängen, das sich als kahler, verkarsteter Höhenzug aus dem Meer streckt. Goli otok, die nackte Insel, wie das Ödland heißt, das nur zwei Seemeilen von Rab entfernt liegt. Knapp fünf Quadratkilometer Unwirtlichkeit, lebensfeindlich und deshalb nie wirklich bewohnt. Zwischen 1948 und 1988 jedoch wurden dort zwischen sechzehn- und achtzehntausend Menschen – die genauen Daten variieren je nach Quelle – in einem Hochsicherheitsgefängnis festgehalten. Tito ließ hier politische Gegner in einem Umerziehungslager verschwinden.

Das glückliche Eiland. So nennt sich Rab, dessen ursprünglicher, von den Römern geprägte Name »Felix Arba« auf das illyrische »arb« für grün und bewaldet und das lateinische Wort »felix« für wohlhabend oder glücklich zurückgeht. Man ist stolz auf die jahrtausendealte Geschichte und trägt gleich doppelt schwer an der jüngeren. Schon vor der Inbetriebnahme des Lagers von Goli otok wurde im Fischerdörfchen Kampor im Nordwesten von Rab ein KZ eingerichtet. Mussolini hatte dies angeordnet, als ihm nach dem Vorstoß der Wehrmacht ins damalige Königreich Jugoslawien die Befehlsgewalt über die Insel zugefallen war. Zwischen Juni 1942 und September 1943 wurden in Kampor Opfer ethnischer Säuberungen und Juden eingekerkert und getötet: Etwa zweitausend Tote waren zu beklagen. Die Überlebenden schafften es kurz vor der Kapitulation Italiens, sich selbst zu befreien.

Die Bevölkerung von Rab hatte die Häftlinge bei ihren Ausbruchsplänen tatkräftig unterstützt. Bei Goli otok fühlte man sich machtloser, eingeschüchtert von den Drohungen des Geheimdiensts, der das Thema Straflager zu tabuisieren oder sogar zu leugnen versuchte. Gerüchte über Folterungen und mysteriöse Todesfälle gelangten trotzdem bis nach Rab und lasteten auf der Gemeinschaft, die den Ort der Verbrechen direkt vor ihrer Nasenspitze liegen sah. Man rückte enger zusammen.

Man spürt es bis heute. Der Jahreslauf ist geprägt von einer großen emotionalen Verbundenheit zwischen den Familien und Generationen. Am deutlichsten zu beobachten bei der »Rabska fjera«, dem seit 1364 zelebrierten, monatelang vorbereiteten Mittelalterfest. Fast alle der über neuntausend Inselbewohner sind am letzten Juliwochenende auf den Beinen, um vor der stimmigen Kulisse von Rab, dem pittoresken Hauptstädtchen, als Ritter, Musikant und Burgfräulein, als Bauer, Soldat oder Bettler durch die Gassen zu flanieren, Kunsthandwerk, Tänze und Gesänge darzubieten oder knusprig frittierte Krapfen, Käse und Wein aufzutischen. In den Vereinen, die das Spektakel vorbereiten, dient man sich nach oben, vom einfachen Fahnenträger oder Standartenführer bis hinauf zum Armbrustschützen, dem höchsten in der Hierarchie. Ein dreitägiges Spektakel, zu dem Gäste von weit her anreisen, und zugleich eine Feier für die Einheimischen und der Aufruf, sich nicht vollends an den Tourismus zu verkaufen.

Ende Oktober schließen die Hotels und mit ihnen ein Gutteil der Tavernen und Bars. Nur wenige Wochen, und die Oliven sind reif. Kaum ein Insulaner, der nicht irgendwo einen Hain bewirtschaftet. Spätestens jetzt, da sich die Clans zur Ernte treffen, beginnt eine neue Zeitrechnung: Rab gehört wieder sich selbst. Nur einige Skandinavier in Seekajaks bleiben unerschrocken und ziehen bis weit in den Spätherbst hinein ihre Runden in der Hoffnung, ein paar Sonnenstrahlen abzukriegen. Bis auch sie ihre Rucksäcke packen.

Wenn im Dezember und Januar Bora und Regen heranjagen, ist man auf Rab noch stärker aufeinander angewiesen als sonst. Die Gebirgsketten im Osten brechen die heftigsten Böen, den Niederschlag aber können sie nicht stoppen. Das Meer bleibt oft tagelang aufgewühlt und wild. Jetzt bloß nicht ernsthaft krank werden, bloß nicht gebären in jenen Tagen, da der Wellengang im Velebit-Kanal so hoch ist, dass der Fährverkehr nach Stinica an der Küste des Festlands eingestellt und das Spital von Rijeka, wo die Kinder normalerweise zur Welt kommen, unerreichbar ist. Früher schien das Beten zu helfen, allein im Städtchen Rab gibt es zu Ehren der Dreifaltigkeit elf architektonisch beeindruckende Kirchen mit prunkvoller Ausstattung. Doch das Vertrauen in deren Allmacht ist geschwunden, die meisten der Gotteshäuser sind versperrt oder leer.

Spätestens im März, wenn sich die Blätter der Schwertlilien aus der Erde wagen, ruft abermals die Pflicht am Gast. Auf den Ausflugsbooten streicht man die hölzernen Planken, an denen Sturm und Salzwasser genagt haben, vor den Privatpensionen und Appartements parken die Autos der Handwerker. Verwandte und Freunde helfen mit, Unterkünfte zu renovieren und Gärten zum Blühen zu bringen für die Urlauber, die ab Ostern wieder eintrudeln.

Rab lebt vom Tourismus. Bereits in der Epoche der k. u. k. Monarchie schätzte man das milde Klima und die alle Sinne berauschende Vegetation. Edward VIII. und seine spätere Ehefrau, Wallis Simpson, die 1936 in der Kandarola-Bucht nackt badeten, begründeten den Ruhm der Insel als Paradies für Anhänger der Freikörperkultur. Der eigentliche Boom startete dann Anfang der sechziger Jahre, als die Sandstrände, in Istrien und in der Kvarner Bucht selten, Sonnenhungrige anlockten. Zudem setzte man auf die Vergangenheit und die kostbaren Kulturdenkmäler, die noch aus den Zeitaltern der Römer und der Venezianer stammen. Hinter vorgehaltener Hand jedoch berichtete man von den Gräueln der Gegenwart.

Auf der Gefängnisinsel trafen die Sträflinge, die man häufig ohne Prozess und nur auf der Grundlage von Selbstbeschuldigungen verurteilt hatte, auf die Tyrannei und Willkür des Wachpersonals. Und das mit dem Segen Titos, der sich 1949 mit Stalin überworfen hatte. In den Jahren der Loslösung von Moskau regierte er mit eiserner Hand. Dissidenten und sogenannte Volksfeinde wurden in Goli otok, dem »Gulag für Stalinisten«, brutal erniedrigt und gequält. Zu jenen zählten auch Monarchisten, Ustascha-Kämpfer und nach 1956 ganz gewöhnliche Diebe und Mörder. Wobei das Schicksal der italienischen Kommunisten besonders tragisch war: Sie hatten sich nach 1945 Tito angeschlossen und kräftig mitgewirkt an dessen Traum vom sozialistischen Staat. Unter ihnen sehr viele Hafen- und Werftarbeiter, die in Rijeka mithalfen, die vollends auf dem Boden liegenden Wirtschaft wieder flottzumachen. Anfangs mit offenen Armen empfangen, wurden sie nach dem Bruch mit der UdSSR als moskautreue Genossen verfolgt und verhaftet.

Gemeinsam rackerten sich die Internierten in den Steinbrüchen und Werkstätten von Goli otok ab. Schlimmer als die physischen Qualen aber war der Psychoterror. Denunzianten erwirkten Privilegien, indem sie Mithäftlinge dem Sadismus der Wärter auslieferten. Wer ins Visier der Aufseher geriet, wurde gefesselt, geprügelt oder dazu verdammt, über Stunden hinweg auf einem Fels in der sengenden Sonne oder Eiseskälte auszuharren. Mehr als vierhundert Menschen, so die Schätzung, starben an den Misshandlungen, zum Großteil Männer. In Goli otok saß nur eine geringe Zahl von Frauen ein, weibliche Gefangene wurden auf der etwas grüneren, kleineren Nachbarinsel Sveti Grgur festgehalten, wo die Haftbedingungen kaum besser waren.

Im übrigen Jugoslawien ahnte man wenig, denn Geheimdienstunterlagen wurden versiegelt oder vernichtet und entlassene ehemalige Gefängnisinsassen mundtot gemacht. Niemand mochte hinsehen: Die Sowjetunion schwieg zu den Verbrechen, um von ihren eigenen Gulags abzulenken, der Westen, weil er Tito nicht schwächen wollte in seiner Abkehr von Moskau. Auf Rab konnte man die Augen nicht verschließen vor den barbarischen Zuständen im Lager, man war zu nahe dran. Kaum jemand mochte darüber reden, kaum jemand in Goli otok arbeiten. Nur in Lopar, einem Dorf im Norden von Rab, gab es Männer, die drüben Dienst taten. Zu Hause, in ihren Familien, kapselten sie sich ab und verdrängten, was sie tagtäglich mit zu verantworten hatten. Die meisten Verwaltungsbeamten und Wärter wurden ohnehin aus fernen Regionen der Republik rekrutiert. Man köderte sie mit guter Entlohnung und den Möglichkeiten bester Unterhaltung und Zerstreuung im Theater, auf der Kegelbahn oder dem Tennisplatz, zu deren Bau man Häftlinge abkommandiert hatte.

Als die Vollzugsanstalt 1988 aufgelöst war, atmete man auch auf Rab auf. Die Gebäude wurden geplündert, das Areal verwüstet. Die Bora deckte die Dächer der Baracken ab, Dickicht und Gebüsch begannen, die leeren Gemäuer und ihre Geschichte zu überwuchern. Nach dem Zerfall Jugoslawiens waren die Einzelstaaten gefordert, sich neu zu konstituieren und nach vorne zu orientieren. Bis Zeitzeugen ihr Schweigen brachen und sich Historiker an eines der dunkelsten Kapitel der Ära Tito annäherten. Im Schlepptau der Wissenschaftler reisten erste Interessierte nach Goli otok.

Die offiziellen Besichtigungstouren, die man inzwischen anbietet, sind gut gebucht, in den Sommermonaten setzen die Boote gleich zweimal täglich von Lopar zur Bucht von Tetina über. Wer die Überreste der Anlage zu Fuß und auf eigene Faust erkundet, tut dies besser mit Hut und in festen Schuhen. Vor allem aber nicht alleine. Die Hallen und Gebäude, von den Gefangenen aus Ziegeln und groben Steinen errichtet, sind baufällig. Decken sind eingestürzt oder stehen knapp davor, zwischen den Bewehrungseisen bröckelt der Beton und von den Wänden Malerei und Putz. Stromleitungen sind aus der Verankerung gerissen, Sicherungskästen demoliert. Über den Boden verstreut liegen Scherben zerbrochener Fliesen. Es ist staubtrocken, nur stacheliges Gestrüpp trotzt Hitze und Wind.

Eine bedrückende Szenerie. In ihr spiegelt sich der Alltag der Häftlinge, das Schuften in den Hallen, in denen man Möbel herstellte, in der Kfz-Werkstatt, Pumpstation oder Schmiede, wo ein verrostetes Ungetüm von Hammer an eine schier endlose Zahl von Stunden erinnert, da man bei unerträglichen Temperaturen Metallstücke in Form schlug.

Verbogene Geleise führen zum Steinbruch, einem gefürchteten Ort. Die Terrazzofliesen, die aus den Felsbrocken produziert und unter dem Label »Velebit – Made in Rijeka« erfolgreich verkauft wurden, waren begehrt. Besonders deprimierend die Abteilung 102 mit den Einzelzellen: eine Strafe für jene, die sich nicht in die Hausordnung fügten. Das Glas in den vergitterten Fensterluken ist zersplittert, an den Mauern sind verwaschene Strichlisten zu entdecken. So zählte man die Tage und befeuerte die Hoffnung auf Befreiung, um in der Isolation nicht verrückt zu werden.

Die Wanderung durch die Ruinen ist beklemmend. Sie kann Stunden dauern, das Gelände ist durchaus weiträumig. Als bequemere und kürzere Variante bietet sich der Goli Express an, ein kleiner Zug auf Rädern, der die wichtigsten Stationen in nur zwanzig Minuten anläuft und die Touristen bei der Taverne in der Marina wieder ausspuckt. Goli otok als Sehenswürdigkeit oder Mahnmal, je nach persönlichem Zugang. Viele der Besucher sind ganz einfach neugierig, das spürt man. Einige kennen TV-Dokumentationen, andere haben wohl die Romane gelesen, die hier spielen, Claudio Magris' »Blindlings« oder David Grossmans »Was Nina wusste«, die fiktionalisierte Biografie von Eva Panić-Nahir, einer kroatischen Jüdin. Sie wurde für vierunddreißig Monate nach Goli otok verbannt, als sie sich weigerte, ihren als Stalinisten verhafteten Mann als Volksverräter zu denunzieren. Ein Martyrium, wie Grossman, dem Panić-Nahir ihre

Lebensgeschichte anvertraut hat, schildert. »Alles glüht. Die Lippen springen auf, bluten. Eine Wolke von Fliegen über ihr. Flöhe gemästet mit ihrem Blut. Dieser Körper gehört nicht mehr ihr. Weder er noch seine Schmerzen. Sie ist kein Mensch mehr, kein Tier, sondern ein Nichts.« Eine literarische Flaschenpost aus Titovi Havaji, wie das Lager hieß, Titos Hawaii.

Gegen neunzehn Uhr ruft das Boot die Passagiere wieder an Bord und steuert den Hafen von Lopar an. Auf der Landzunge von Kalifront ist die Sonne hinter dem Kamenjak verschwunden, Radfahrer und Badegäste sind auf dem Heimweg. Die Kapelle der heiligen Mara bleibt alleine zurück. Stille legt sich über die Landschaft, eine magisch anmutende Stimmung arkadischer Entrücktheit. Auch Goli otok ist wieder sich selbst überlassen, den Möwen und den Falken und dem Vergessen, zumindest bis zum nächsten Morgen.

Licht und Schatten liegen auf Rab eng beisammen. Bis sich die Nacht senkt und beide in ihrer Dunkelheit verschluckt.

Tito geht baden

Highlife auf Brioni: Von Luxus, Macht und Größenwahn

Streit ums Geld: Kommt in den besten Familien vor, eskaliert meist bis hin zum Kleinkrieg und schlägt Wunden, die kaum je verheilen. Auch in diesem Fall, da die Erben eine aufsehenerregend lange Liste kecker Forderungen vorlegen. Der Nachlass, auf den sie schielen, umfasst prächtige Residenzen in Belgrad, Zagreb und Dobanovci, einen Fuhrpark mit einer Vielzahl eleganter Gefährte, darunter als Prunkstück ein dunkelgrüner Cadillac Baujahr 1950, Motorboote, wertvolle Möbel und Gemälde. Dazu Hunderte Orden, etliche davon mit Brillanten besetzt und – das Herzstück der Besitztümer – mehrere Villen samt Tierpark, Weinbergen und Obstgärten auf den Brijuni-Inseln. Das Hab und Gut eines Multimillionärs. Nun ziehen seine Nachfahren vor Gericht und beanspruchen, was ihnen vermeintlich zusteht.

An sich nichts Besonderes, hätte sich der gerade erst im imperialen Stil Betrauerte zu Lebzeiten nicht jenen Doktrinen verpflichtet, wonach persönliche Privilegien und die Bevorzugung von Angehörigen abzulehnen, ja zu verurteilen seien. Und so kocht die Volksseele hoch angesichts der Gier jener, die sich auf unredliche Weise bereichern wollen. Schließlich handelt es sich in diesem Fall um eine außergewöhnliche Causa: Der Name des Verstorbenen, dessen Nachruhm mit jenen erbitterten Querelen um sein Erbe auf dem Spiel steht, ist Josip Broz Tito.

Als der jugoslawische Staatschef am 4. Mai 1980 starb, sorgten seine vierte Frau Jovanka und zwei Söhne aus früheren Ehen dafür, dass ein Held vom Sockel gestoßen wurde. Im Dezember 1980 beschloss das Parlament, Titos Vermögenswerte ins Volkseigentum übergehen zu lassen und seine Familie in kleinerem, doch immer noch soliden Ausmaß materiell zu unterstützen. Dabei wurde aufgedeckt, welche Reichtümer der Marschall an sich gerafft hatte. Was Staatsgästen durchaus bekannt war: Auf Brijuni, einer unter dem italienischen Namen Brioni besser bekannten Inselgruppe vor der Küste Pulas, hielt Tito Hof, hier empfing er sie in einem luxuriösen, auf seine Leidenschaften zugeschnittenen Ambiente und gewährte Audienzen. Wovon die breite Öffentlichkeit wenig ahnte, denn das gesamte Areal war als Sperrzone deklariert. Das Betreten der vierzehn Eilande blieb allein dem Staatsoberhaupt, hohen Funktionären und prominenten Besuchern vorbehalten. Erst 1983, drei Jahre nach Titos Tod also, wurden die Inseln unter Naturschutz gestellt und Touristen zugänglich gemacht.

Später Vormittag in Fažana, einem Städtchen gut zehn Kilometer nördlich von Pula. Hier laufen die Boote nach Veliki Brijun ein und aus, die größte Insel des Archipels. Die meisten Passagiere sind Tagesausflügler in Shorts, Polos und Sportschuhen, einige haben ihren Koffer dabei, um im ehrwürdigen »Neptun« einzuchecken. Nur fünfzehn Minuten dauert die Fahrt, bis das Boot vor dem Hotel ankert. Die Massen ergießen sich über den Steg und strömen in verschiedene Richtungen davon, je nachdem, ob sie zu Fuß unterwegs sind, mit dem Fahrrad oder einem kleinen Zug, der die wichtigsten Stationen der zahlreichen Attraktionen anläuft. Bestens beschilderte Wege schlängeln sich durch Wälder und über Wiesen, mit der Einladung, einen südlichen Paradiesgarten mit Olivenbäumen, Palmen und Orchideen zu erkunden. Dazwischen die Spuren früherer Epochen, Überreste einer römischen Villa, die Mauern eines byzantinischen Kastells oder die von den Habsburgern errichtete Festung »Tegetthoff«. Sofern man nicht ohnehin gleich den Safaripark mit Zebras, Bisons und Pfauen ansteuert, den Golfplatz oder die diversen Ausstellungen zwischen Restaurants, Bars und Souvenirläden.

Ein mediterraner Freizeitpark. Und mitten drin, fast anachronistisch, ein seltsam anmutendes Mausoleum unter den Kronen alter Bäume: das Grabmal von Marie und Karl Kupelwieser, Frau und Sohn jenes Mannes, der den Ruhm Brijunis begründet hat. Paul Kupelwieser, einem 1843 in Wien geborenen Industriellen, verdanken die Inseln ihre Karriere als eine der damals modernsten Urlaubsdestinationen Istriens, er legte den Grundstein für jenes touristische Spektakel, von dem die Region bis heute profitiert. Und er hat wohl auch Tito inspiriert, auf Brijuni sein privates Elysium zu erschaffen.

Paul Kupelwieser hat es satt. Er hat genug von seinem Alltag im Büro, von Zahlenkolonnen, Kalkulationen, endlosen Besprechungen. Natürlich, mit fünfundzwanzigtausend Gulden im Jahr wird er dafür ordentlich entlohnt. Doch eigentlich möchte er weg aus dem böhmischen Ostrava, wo er zum Generaldirektor der Witkowitzer Eisenwerke aufgestiegen ist. Eine Art Midlife-Crisis? Kupelwieser ist fünfzig, als er hinauswill in die Welt: sich andernorts verwirklichen und Visionen einer unternehmerischen Schöpfungsgeschichte umsetzen, am liebsten in wärmeren Gefilden. In jenen Tagen, da er mit seinem Dasein hadert, wird ihm zugetragen, dass an der Südwestküste Istriens etliche Eilande zum Verkauf stehen, die Brioni-Inseln, wie sie damals heißen. Sie liegen ein paar Kilometer vor der Küste nahe Pula, das ihm seit Langem vertraut ist: Hierhin hatte seine Fabrik Kriegsmaterial für die Marine geliefert.

Kupelwieser wird neugierig und hört sich um. Bereits die Römer, so erzählen die Ruinen ihrer Anwesen, haben hier Landsitze errichtet und Wein und Oliven kultiviert, angelockt von den kühlen Winden, die die Hitze der Sommermonate linderten. Ihnen folgten die Byzantiner und Franken, ehe die Venezianer den Wert der Inseln erkannten. Sie betrieben Steinbrüche und nutzen die Wälder als

Rohstofflieferanten. Unter den Habsburgern wuchs eine mächtige Befestigungsanlage aus dem Fels, die den Hafen von Pula vor Angriffen schützen sollte. Kaum war das Fort bezugsfertig, wurde es auch schon verlassen, denn die Malaria entwickelte sich zur Gefahr für Leib und Leben der hier stationierten Soldaten. Nur zwei von ihnen wurden abkommandiert, die Gebäude zu bewachen, die schnell verfielen. Die Natur überwucherte, was ihr die Menschen über Generationen hinweg abgerungen hatten.

Als Kupelwieser am 2. August 1893 erstmals an Land geht, braucht er viel Fantasie, um sich nicht demoralisieren zu lassen: der frühere Hafen ein Sumpf, die Häuser Ruinen, die Macchia kaum zu durchdringen. Dazu Schutt- und Steinhalden – und Mücken in riesigen Schwärmen. Der Preis für die etwas über siebenhundertvierzig Hektar Dickicht scheint mit fünfundsiebzigtausend Gulden, etwa siebenhunderttausend Euro also, astronomisch hoch. Doch Kupelwieser greift zu, gegen alle Vernunft und ohne nachhaltiges Finanzkonzept. Imaginäre Bilder von einem Garten Eden für seine Gäste und Bekannten befeuern seinen Mut. Familie und Freunde aber schütteln den Kopf und sehen ihn ins Unglück rennen.

Wenige Tage nach Vertragsunterzeichnung übersiedelt Kupelwieser mit Sohn Karl, Bettzeug und einer Kuh auf die Hauptinsel Brioni Maggiore, das heutige Veliki Brijun: Robinson Crusoe und Freitag auf Tour durch eine Pflanzenhölle, verloren zwischen Besenginster, Kreuzdorn und Myrten. Die Wälder sind abgeholzt, die wie tot in der Landschaft stehenden Baumstrünke kein schöner Anblick. Und trotzdem wuchern Kupelwiesers tollkühne Pläne weiter. Zurück auf dem Boden der Realität kümmert er sich um die Zisternen und sichert so die Wasserversorgung. Danach würden ein Forstexperte und etliche Arbeiter mit der Rodung und Urbarmachung des Geländes beginnen, um Terrain für Gebäude, Parkanlagen, Gärten und Felder freizuschlagen. Die Vielzahl dringend nötiger Maßnahmen verschlingt Unsummen. Geldgeber springen ab, kaum jemand glaubt an die reichlich abgehobenen Träume des Aussteigers, das Finanzamt ist Kupelwieser laufend auf den Fersen, weil es in ihm einen Betrüger wittert.

Knapp vor der Jahrhundertwende 1899/1900 sind schließlich vierzehn Zimmer bezugsfertig. Doch Besucher stellen sich nur zögerlich ein. Brioni gilt als Brutstätte der gefürchteten Malaria, die Kupelwieser selbst an den Rand des Todes gebracht hat. Entsprechend hellhörig wird er, als er von Robert Koch und dessen Errungenschaften für die Medizin liest. Er lädt den Entdecker des Cholera- und Tuberkulose-Erregers ein und bietet ihm ein Experimentierfeld an. Koch ist begeistert. Die Idee, seine Recherchen auf einem abgesonderten Gebiet wie einer Insel zu intensivieren, präsentiert sich als verheißungsvoller Ansatz: die perfekte Laborsituation und eine fantastische Empfehlung für ihn und seine wissenschaftlichen Erkenntnisse. Er schickt zwei Assistenzärzte voraus und begibt sich dann selbst vor Ort, um seine Chinin-Therapie an Kranken zu erproben. Gleichzeitig wird ihm klar, dass die Übertragung der Malaria der hier zuhauf nistenden Anopheles-Mücke zuzuschreiben ist. Er weist Kupelwieser an, Tümpel trockenzulegen und das Gelände mit Petroleum zu besprühen, das man anschließend in Brand setzt.

Ein wichtiger Schritt nach vorn. Fortan bewirbt Kupelwieser sein Kurdomizil als ganzjährig reizvolle Destination. Brioni läuft dem mondänen Abbazia, wo die Gäste am liebsten im Spätwinter anreisen und den heißen Sommer meiden, fast schon den Rang ab. Zumal Kupelwieser seine Anlage geradezu tollkühn erweitert. Ingenieure und Baumeister werden berufen, eine vom Festland durch die Adria laufende Wasserleitung zu konzipieren, um die Inseln mit Trinkwasser zu versorgen, und zusätzliche Hotels, ein Seebad und ein Winterschwimmbad zu entwerfen: Vorläufer der Spa-Kultur unserer Tage. In einem lichten Raum mit Galerien und Sesseln unter Palmen, die von Ägypten herangeschifft worden sind, taucht man in erwärmtes Meerwasser, Kabinen stehen für Massagebehandlungen und Packungen bereit. Der kultivierten Belustigung dienen ein archäologisches Museum und ein Tierpark, von niemand Geringerem als Zoodirektor Carl Hagenbeck bestückt.

Bald finden sich Mitglieder der Großindustrie und der Adelswelt ein. Die *Insel-Zeitung* vermeldet regelmäßig die Ankunft des österreichischen Thronfolgers Franz Ferdinand und seiner Entourage, sie berichtet vom Besuch des deutschen Kaisers Wilhelm II. oder von den die Muse beflügelnden Aufenthalten berühmter Künstler wie Gustav Klimt, Arthur Schnitzler oder Richard Strauss. Thomas Manns »Tod in Venedig« verdankt sich der Inspirationen, die dem Schriftsteller hier zugeflogen sind, auch wenn er Brioni darin ein wenig schmeichelhaftes Denkmal setzt, dieser »seit einigen Jahren gerühmten Insel der Adria« mit »farbig zerlumptem, in wildfremden Lauten redendem Landvolk und schön zerrissenen Klippenpartien, dort, wo das Meer offen war«. Er zeigt sich enttäuscht über den fehlenden Komfort seines Zimmers und den Regen im Mai. Während Arthur Schnitzler das Tennisspiel und Zerstreuungen wie die regelmäßigen Champagner-Picknicks genießt.

Die eigentliche Blüte der Kur- und Urlaubsseligkeit dauert nur kurz. Paul Kupelwieser stirbt bald nach Ende des Ersten Weltkriegs. Sohn Karl übernimmt die Leitung des nunmehr in eine Aktiengesellschaft umgewandelten Unternehmens und versucht unter den Italienern – er nennt sich nun Carlo –, an dereinst schwarze Bilanzen anzuknüpfen. In seiner Hybris eröffnet er ein Casino, lässt ausgedehnte Golf- und Poloplätze anlegen und züchtet Pferde. Doch der stetig wachsende Schuldenberg drückt ihn so nieder, dass er sich 1930 umbringt. Er und seine Mutter Marie werden auf Brioni begraben. In der Folge versprechen wechselnde Geschäftsführer, das Unternehmen im Auftrag der Gläubiger zu sanieren. Vergeblich, es fällt an den italienischen Staat. 1943 okkupieren die Deutschen die Inseln, zwei Jahre später zerstören Bomben der Alliierten einen Gutteil der Gebäude.

Bis Tito den Reiz des Archipels entdeckt und sich in den Sommermonaten, da die Hauptstadt Belgrad unter drückender Hitze leidet, vor die Küste Istriens zurückzieht. Er ordnet an, Gefangene zur Errichtung von Villen, feudalen Hotelunterkünften und Bungalows zu entsenden, in denen er Staatsgäste und hohe Funktionäre beherbergen will. Um deren Aufenthalt möglichst erquicklich zu gestalten, werden große Flächen der Eilande mit exotischen Gewächsen bepflanzt und der Zoo mit Tieren aus fernen Ländern neu belebt, meist Geschenke von Politikern aus aller Welt. Auf diese Weise verwandelt er, wie ein deutscher Botschafter in den frühen siebziger Jahren berichtet, »den schäbigen, heruntergekommenen Besitz in den heutigen Zustand, der an das Landgut eines römischen Kaisers erinnert«. Tito residiert auf hohem Fuß, und dies besonders gern auf der kleinen Insel Vanga, seinem privaten Refugium. Dort widmet er sich dem Entwickeln von Fotos, dem Weinbau und dem Drechseln von Holz und Metall. Zugleich scheut er sich nicht, sich bei seiner Arbeit als Staatsoberhaupt ablichten zu lassen: Gemütlich auf einer seiner Terrassen sitzend, redigiert er, eine Zigarette im Mund, ein augenscheinlich wichtiges Dokument. Tito, Tag und Nacht und selbst in den Ferien im Dienst für das Volk. Was den Spott und Unmut seiner Untertanen evozierte. Sie hatten schon angesichts der

Aufnahmen des Zoos gelästert, dass »auf Brijuni für die Tiere besser gesorgt wird als in diesem Staat für die Arbeiter«.

An Tito prallen derlei Anwürfe ab. Die Rolle als Vater der Nation steht ihm, und der Rückblick auf seine wechselvolle Biografie spielte ihm ohnehin Sympathien zu. Geboren in einfachen Verhältnissen, hatte er aufseiten der Habsburger auf den Schlachtfeldern des Ersten Weltkriegs gekämpft, später für die Weltrevolution im Namen des Kommunismus, gegen italienische Faschisten, die kroatische Ustascha und serbische Königstreue, für Stalin und gegen ihn. Nicht zu vergessen seine Erfolge in der Abwehr von Widerstand und Feinden im eigenen Land. Die skurrile Fotoausstellung über »Josip Broz Tito auf Brijuni« spiegelt die Selbstinszenierungen eines Präsidenten, der sich im Glanz der Macht sonnte. Ob Willy Brandt, Muammar al-Gaddafi oder Bruno Kreisky, Queen Elizabeth II., der belgische König Baudouin oder Kaiser Haile Selassie: Staatsmänner, Regenten und Monarchinnen und deren Entourage ließen sich nicht lange bitten. Über die Agenturen verbreiteten sich die Bilder der sommerlichen Treffen, die Tito den Respekt der internationalen Öffentlichkeit bescherten.

Ein besonderer Coup gelang ihm am 19. Juli 1956, als er mit dem indischen Premierminister Jawaharlal Nehru und dem ägyptischen Präsidenten Gamal Abdel Nasser die Deklaration von Brijuni unterzeichnete, die den Grundstein für das Bündnis der blockfreien Staaten bildete. Neben seinen

Amtsgeschäften freilich genoss es Tito, sich mit Stars wie Sophia Loren, Orson Wells, Josephine Baker, Liz Taylor oder Richard Burton zu zeigen. Wenn der Marschall rief, kamen sie alle.

Als er am 4. Mai 1980 starb, reisten zweihundertneun Delegationen aus hundertsiebenundzwanzig Ländern an, um dem Toten ihre Ehre zu erweisen: das imposanteste Begräbnis, das die Welt bis dahin gesehen hatte. Der Leichnam wurde später im Haus der Blumen bestattet, einem Schrein im Komplex des Belgrader Museums der Geschichte Jugoslawiens: ein standesgemäßes, viel besuchtes Mausoleum. Kurz nach dem Tod Titos aber begann dessen Mythos zu bröckeln. Die Kunde von seinem Hang zu Luxus und Größenwahn trafen auf die Nachrichten über das Ausmaß der Staatsschulden, die er während seiner Amtszeit angehäuft hatte. Die Inflation stieg ähnlich rasch wie die Zahl der Arbeitslosen. Zugleich fehlte Tito als Integrationsfigur, die das Staatsgebilde mit seinen unterschiedlichen Nationalitäten zusammenhielt. Die Auflösung Jugoslawiens setzte ein.

Die Rechtsstreitigkeiten um Titos Nachlass zogen sich über Jahrzehnte hin, die Balkankriege verschleppten das Urteil. Die Erben – Sohn Mischa, vier Enkel und zwei Schwestern der inzwischen verstorbenen Witwe – verloren den Prozess und gingen leer aus. Der Akt wurde geschlossen.

Brijuni steht im Besitz des Volkes. Titos dunkelgrüner Cadillac ist eine der Attraktionen der Inseln, zweihundertneunzig PS, acht Zylinder, Kraftstoffverbrauch fünfundzwanzig Liter Benzin pro hundert Kilometer. Ein Geschenk jugoslawischer Auswanderer, die sich in Kanada niedergelassen hatten. Mit dem schnittigen Gefährt ist der Marschall durch seinen Park kutschiert, alleine oder in Gesellschaft erlauchter Gäste, der Sonnenkönig in seiner Kutsche. Der Oldtimer wird zur Vermietung angeboten, Kostenpunkt knapp siebenhundert Euro für dreißig Minuten, inklusive Fahrer. Highlife auf Brijuni, Luxus für alle.

Der versteinerte Schrei

Das geheimnisvolle Herz des Karsts

Verkehrte Welt. Wir streunen durch Škocjan, vorbei an der Kirche, den einfachen Steinhäusern und den lose geschichteten, behäbigen Mauern, die den Sturm abhalten sollen, wenn die Bora über die Ebene jagt. Vor dem Dorf schlagen wir uns ins Gebüsch, scheinbar planlos und doch mit einem Ziel. Irgendwo unter unseren Füßen muss die Reka fließen, tief unten im Inneren des Karsts. Zu sehen ist davon nichts, nicht die Spur eines Bächleins oder Flusses, keine Quelle, nichts.

Also drehen wir wieder um, etwas desillusioniert: Was haben wir erwartet? Unsere Imagination hat uns wohl einen Streich gespielt. Besser, wir halten uns an die Realität und nehmen die Straße. Keine Alleingänge mehr. Bis ein Parkplatz auftaucht. Diesmal sind wir richtig, beim Besucherzentrum der Höhlen von Škocjan: der riesigste bislang bekannte unterirdische Canyon, von der UNESCO zum Weltkultur- und Naturerbe erhoben und für die Ausflügler ein Spektakel. Hier dringen sie in einen Mikrokosmos ein, der Staunen macht. Die Höhlen von St. Kanzian – so ihr deutscher Name – sind »ein schauerliches Naturwunder«, so Sigmund Freud nach ihrer Besichtigung im Frühjahr 1898, ein

»Flusslauf durch großartige Gewölbe, Wasserfälle, Tropfsteinbildungen, Nacht, schlüpfrige, mit eisernen Geländern versicherte Wege. Der reinste Tartarus …«

Und eben dort wollen wir nun hin, in den Hades, wie ihn die Reka geschaffen hat. Entsprungen ist sie am Fuß des Snežik, des Schneebergs, eines Kalksteinplateaus im Norden des Dinarischen Gebirges, an der Grenze von Slowenien und Kroatien. Gut fünfundfünfzig Kilometer plätschert und sprudelt die Reka gut sichtbar talwärts, bis sie unweit von Škocjan im Untergrund des Karsts verschwindet. Sie lässt sich fünfunddreißig Kilometer nicht blicken und kehrt erst in der bei Monfalcone gelegenen Ansiedlung San Giovanni ans Tageslicht zurück: als Timavo, wie die Reka auf italienischem Gebiet heißt. Viel Zeit, sich zu entfalten, hat sie nicht, ihre Wellen münden nur wenige Minuten später in die Adria, der kürzeste Fluss dieser Erde.

Es sind gleich mehrere Rekorde, die uns nach Škocjan gelockt haben. Also rasch ein Ticket gelöst und auf zum Treffpunkt der Gruppe. Und neuerlich geht es querfeldein durchs pralle Grün. Wieder kein Wasser zu sehen, kein Teich, keine Pfütze, nichts. Bis der Höhleneingang erreicht ist. Letzte Direktiven unseres Guides: Tragen alle festes Schuhwerk und warme Anoraks? Der Abstieg, dem wir nun folgen werden, ist rutschig. Und es kann kühl werden und duster. Handy bitte ausschalten, keine Fotos oder Videos. Alles klar, gibt es Fragen? Nein. Also los.

Carso, Kars oder *Krš* nennen die Italiener, Slowenen und Kroaten ihren Karst: Schon im Wort für das wenig fruchtbare Terrain steckt die Härte ihres Alltags. Istrien und die Gegenden rund um Triest und die Kvarner Bucht, das Ćićarija- und das Učka-Gebirge oder der Velebit, sind geprägt von Dolinen, Poljen und Höhlen, von Kratern, Foiben und unterirdischen Flüssen. Wenn leicht säurehaltiges Wasser auf gips- oder kalkhaltiges Gestein trifft, löst es dieses in seine Bestandteile auf, bahnt sich einen Weg ins Innere und bildet Klüfte und Fugen, Rillen und Karren. Es zerlegt den Fels, wandert durch die Spalten immer tiefer und lässt Höhlen und Kavernen entstehen. Geröll von oben, porös und wenig widerstandsfähig, rutscht nach und schafft tückische Mulden. Decken unterirdischer Hohlräume stürzen ein, wenn sie die Lasten nicht mehr tragen können. Ein nicht enden wollender Kreislauf, der fortwährend neue Formen gebiert. Steter Tropfen höhlt den Stein.

Und wenn auch noch die Bora über die Pässe rast und die dünne, kostbare Humusschicht abträgt, Bäume und Gebüsch entwurzelt und verkrüppelt, dann ist das Gelände, in dem sie wütet, »nichts als ein furchtbarer, versteinerter Schrei« wie Scipio Slataper, der Dichter des Karsts, schreibt. »Felsen grau von Regen und Flechten, krumm, gespalten, spitz. Dürres Wacholdergestrüpp. Stundenlang Kalk, Wacholder. Das Gras ist widerspenstig. Bora, Sonne. […] Kalte, dunkle Grotten. Der Tropfen, der das gestohlene Erdreich mit sich führt, fällt regelmäßig, geheimnisvoll, seit hunderttausend Jahren und weitere hunderttausend Jahre.«

Und länger. Der Karst ist ein Landstrich mit verhaltenem Charme. Wer auf dem harten Grund siedelte, musste sich seit jeher wappnen: die früheren Wälder abgeholzt, der Boden karg, das Gras für die Tiere mager, der Sturm und die Kälte ein Fluch. Doch die Früchte, die der Karst hervorbringt, sind intensiv im Geschmack, bei den Beeren ebenso wie bei Kräutern oder Trauben. Ein Grund, zu bleiben. Die Dörfer, ob in Italien, Slowenien oder Kroatien, gleichen sich in ihrer Trutzigkeit. »Die steinerne Stadt/ engt Fenster zu Scharten/ knüpft Straßen zu Knoten«, so Cvetka Lipuš in einem ihrer Gedichte, »Wölbende Portale/ schmelzen Klinken/ und Schlüssel zu Siegeln.«

Der Karst als poetischer Raum, ein Ort der Unruhe, der unendlichen Veränderung, der Gewalt. Wer nicht aufpasst, wird verschluckt. So wie es der Reka passiert, deren Fährten wir suchen. Wir steigen hinunter in die Finsternis des Gesteins. Ein künstlich angelegter, schwach beleuchteter Stollen zieht zu den »Stillen Höhlen«, wie sie heißen: in ihrer Fremdheit magisch anmutende Kavernen, mit Sinter überzogen wie eisige Panzer, bewacht von sonderbaren Gebilden aus Tropfstein, die sich in fantastischen Formationen ausbreiten und uns zur Großen Halle begleiten. Dort empfangen uns die Riesen, überdimensionale Stalagmiten, und kurz darauf die berühmte Orgel mit ihren Pfeifen. Niemand da, der in die Tasten greift. Stattdessen ein leichtes Rauschen, das zum Dröhnen anschwillt: Die Reka flutet durch den Canyon, ein ungebändigter, wild schäumender Strom, von einem engen Kanal in die Schranken gewiesen. Schritt für Schritt und gegen die Flussrichtung tasten wir uns vorsichtig durch die Schlucht. Eine Brücke quert den Abgrund oberhalb der Gischt, die gegen die Felsmauern prescht. Unter uns ein Brausen und Toben, und über uns das Licht, Wiesen und Gebüsch, Häuser und eine Kirche und der blaue Himmel. Zumindest in unserer Vorstellung. Verkehrte Welt, nun erleben wir sie wirklich.

An den Wänden fallen uns die Hochwassermarken ins Auge: Bei Starkregen oder Gewittern wächst der Pegel oft bedrohlich schnell an, dreißig Meter sind keine Seltenheit, und das binnen kürzester Zeit. Wer da nicht eiligst seine Beine unter die Arme nimmt und zum Höhlenausgang hastet, ist verloren. Höchste je gemessene Marke: hundertzweiunddreißig Meter. Doch das wollen wir uns gar nicht ausmalen und verscheuchen derlei düstere Gedankengänge. Die Kraft der Reka sollte man nicht unterschätzen, meint auch unser Guide. Die Tour durch die Höhlen ist immer auch eine Begegnung mit den eigenen Ängsten. Wer kann wissen, wer garantieren, dass nicht Teile der Höhlen einstürzen? Dass nicht Steinschlag die Wege blockiert oder ein Felssturz den Eingang verlegt? Für uns, die wir dem kundigen Höhlenführer auf einigermaßen sicheren, beleuchteten Pfaden auf den Fersen sind, gibt es ein Sicherheitsnetz, zumindest ein locker geknüpftes. Für jene aber, die sich vor Jahrtausenden hier ansiedelten, oder sich aus Entdeckerfreude oder Abenteuerlust anschickten, durch die Öffnungen der Karsthöhlen in ihr Inneres vorzudringen, waren derlei Exkursionen eine Herausforderung und Mutprobe. Mehrfach entdecken wir in den Stein gehauene Stufen, ab und zu auch rostige Handläufe: die Spuren vergangener Expeditionen.

Schon im Mesolithikum, so berichten Archäologen, haben sich Menschen in den Höhlen und Abris rund um Škocjan niedergelassen. Unter den Vorsprüngen waren sie geschützt vor Hitze, Stürmen und Schnee. Die erste schriftliche Erwähnung der Reka, die wir kennen, stammt vom griechischen Ethnografen und Philosophen Poseidonios von Apameia (135–50 v. Chr.). Er berichtet von einem Fluss Timavo, »der aus den Bergen quillt, in eine Höhle stürzt und daraufhin, nach etwa hundertdreißig Stadien, unter der Erdoberfläche beim Meer entspringt«. Kurz darauf mündet sie bei Timavo ins Meer. Und auch auf den ältesten, von Wolfgang Lazius, Abraham Ortelius oder auch Gerhard Mercator angefertigten und gedruckten Karten, sind die Höhlen von Škocjan als bedeutende Naturphänomene eingezeichnet.

Ihre eigentliche Erforschung startete Anfang des 19. Jahrhunderts. Tollkühne Männer und Hobby-Speläologen durchschwammen die Höhlen, um sich so ein Bild vom Wasserlauf der Reka zu machen. Ein regelrechter Boom setzte ein, immer ausgedehnter wurden die Strecken, die man zurücklegte, zu Fuß oder in Booten und mit dem Wagemut der Entdecker. Bei ihrem Ehrgeiz, die Rätsel der Reka zu ergründen, spielten auch handfeste wirtschaftliche Gründe mit: Die Bevölkerung Triests wuchs und man benötigte dringend mehr Wasser. Also galt es, unterirdische Quellen oder Flussläufe aufzuspüren: Meter für Meter oder mithilfe von Farbtests oder Aalen, die man mit Ringen versah. Nun beobachtete man, wo sie nach ihrer Reise auf den Wellen wieder auftauchten.

1904 erreichte man die »Stillen Höhlen«, ein vorläufiger Endpunkt der Sondierungen. Bis es zwei slowenischen Höhlentauchern 1991 gelang, den Siphon des Marchesetti-Sees zu durchqueren und ins Herz des Karsts vorzustoßen, zu Gängen und Gewässern, die vor ihnen nur Fledermäuse und Olme ausgekundschaftet hatten. Weiter als bis hierher ist niemand gekommen. Was die Fantasie anregt: Welche Räume würden sich dahinter auftun?

Höhlen bleiben ein faszinierendes, rätselhaftes Mysterium. In Istrien und seinem Hinterland gehören sie schon lange zu den touristischen Highlights. Die Grotta Gigante nahe Triest könnte gut und gern den Petersdom verschlucken, in der Grotte von Mramornica schimmern die Tropfsteine wie Marmor. Noch bunter und bizarrer die Formationen im Feštinsko Kraljevstvo, dem Festiner Königreich, mit Gebilden wie dem Zauberhut, dem Turm von Babylon oder dem Fledermausflügel. Mystisch die Grotte von Pazin, wo der Karstfluss Pazinčica in ein Schluckloch abtaucht und an der Quelle der Raša wieder an die Oberfläche schießt.

Die Höhlen von Škocjan und Postojna aber überstrahlen sie alle. Auch in den Absurditäten des frühen Fremdenverkehrs. In Škocjan begann er schon zu Beginn des 18. Jahrhunderts, als sich Neugierige bis in die Sohle des »Großen Tals« vorwagten, wie ein 1819 angelegtes Gästebuch bezeugt. Deutlich kurioser die Auswüchse in der Postojnska jama, auch Adelsberger Grotte genannt, dreißig Kilometer nordöstlich von Škocjan, wo man schon 1820 einen offiziellen Schaubetrieb einrichtete, mit Einheimischen, die sich als Führer anboten. Der Ausflug in die »Karstarchitektur« war für Bildungsbürger und Adelige unentbehrlicher Teil ihres Ferienvergnügens. Wer es nicht zu Fuß schaffte, sich auf den immer besser ausgebauten Pfaden ins Innere vorzutasten, der wurde in Sänften in die Höhle verbracht, später in einer Schiebebahn. Höhepunkt des Jahreslaufs war das Grottenfest, eine Ballveranstaltung in einem steinernen, von den Fackeln verrußten Tanzsaal. Tausende Besucher reisten in Sonderzügen an, im Postamt wurden Zehntausende Ansichtskarten abgestempelt. Eine Attraktion erster Güte. Und Raubbau an der sensiblen Ökologie und am Mikroklima der Höhle, wie Biologen und Geologen befanden. Entsprechend klein sind die Gruppen heute, und entsprechend streng die Vorgaben.

Unser Guide mahnt zum Aufbruch, auch wenn wir uns kaum trennen mögen von der Aussicht auf das unter uns tobende Gewässer. Doch wir folgen seinem Kommando und steigen hinauf zu einer weiteren Kaverne, bestaunen die Sinterbecken, die wie Waben über die Wände wachsen, und erreichen schließlich die Schmidlhalle und das Tageslicht. Ein letzter Blick auf die Reka, die sich unter einer natürlichen Steinbrücke durchdrängt und laut brüllend über einen Wasserfall ins Bodenlose stürzt, ehe sie im Felsen verschwindet. Ihre Geheimnisse nimmt sie mit. Denn was sie wirklich macht, in jenen Tiefen des Karsts, zu denen niemand Zutritt hat, können wir nur erahnen. Und uns wundern.

Nachts kommen die Füchse

Die Ćićarija, das felsige Rückgrat Istriens

Nachts kommen die Füchse und streunen über die Hochebene auf der Suche nach Beute. Ob Mäuse, Hasen, Kaninchen oder Rehkitze: Ein Biss, und sie sind tot. Besser, man treibt auch das Geflügel zurück in den Stall, bevor die Dämmerung hereinbricht.

In der Ćićarija leiden die Füchse keinen Hunger. Hier haben sie ihre Ruhe. Den Wildschweinen gehen sie aus dem Weg, und vor Steinadlern und Gänsegeiern nehmen sie sich in Acht. Die könnten ihnen gefährlich werden, wenn sie über die Hochebenen kreisen. Doch ansonsten? Für die Füchse ist auf dem Tschitschenboden, wie der Landstrich unter den Habsburgern hieß, das ideale Terrain. Ein über vierzig Kilometer langes, zehn Kilometer breites und bis zu knapp tausenddreihundert Meter hohes Karstmassiv, von Föhren, Eichen und Kastanien, aber auch Weiden dicht bewachsen. Hier grasen Schafe, Ziegen und Rotwild mit ihren Jungen. In den Vorgärten der Gehöfte scharren Hühner. Und kaum jemand da, der die Füchse stört.

Wer in der Ćićarija lebte, musste gut mit sich selbst sein und die Grausamkeit der Natur gelassen hinnehmen. Was sich nur wenige zutrauten.

Ab dem 14. und 15. Jahrhundert siedelten sich hier die Ćići an, die Tschitschen, ein Hirtenvolk, das aus dem slawischen Rumänien westwärts wanderte. Als Halbnomaden waren sie das Leben unter freiem Himmel gewohnt und ließen sich nicht abschrecken von langen Wintern, eisigen Stürmen und Einsamkeit. Auf dem Dach Istriens gründeten sie verstreut liegende Siedlungen, wo sie ihr Erbe weiter pflegten, darunter auch ihre Sprache, die sich zum Istrorumänischen verschliff. So entstanden Orte wie Slum, Brest, Rašpor oder Lanišće, wo sie sich als Schafzüchter und Hirten durchschlugen. Die Frauen trieben ihre mit Gemüse, Käse oder Wolle bepackten Esel regelmäßig hinunter an die Küste, um mit ein paar Talern oder Gulden in der Tasche wieder heimzukehren. Die Männer schleppten Holzkohle und Reisigbündel bis nach Triest. Und wer es nicht schaffte, seine Familie durchzubringen, wanderte gelegentlich in die Täler und besserte das Haushaltsgeld mit Diebstahl oder durch Schmuggel auf. Heißt es zumindest.

Das Weiße Istrien, wie man es nach dem hellen Stein des zerklüfteten Karsts nennt, der zwischen dem Grün der Vegetation aufblitzt, ist ein harter Boden. Für Naturliebhaber eine wildromantische Gegend, in der die Legenden von Geistern, Wiedergängern und ungelösten Verbrechen blühen und fantasiebegabte Wesen inspirieren. Historiker bleiben lieber bei der Realität und erinnern an jene bitteren Zeiten, da sich hier Partisanen verschanzten.

Als Italien am 8. September 1943 kapitulierte,

ordnete Hitler die Errichtung der Operationszone Adriatisches Küstenland (OAK) an, zu der auch die Provinzen Triest, Pula und Rijeka zählten. Auf diese Weise, so sein Plan, würde man die östlichen Adriaküsten befestigen und sie vor den Übergriffen der Alliierten schützen. Kein einfaches Unterfangen angesichts des Guerillakriegs der Partisanen, die über eine stetig wachsende Kampfstärke verfügten. Heinrich Himmler ließ die Region deshalb am 9. November 1943 zum »Bandengebiet« und die Niederschlagung jeglichen Widerstands zum vorrangigen Ziel erklären. Eine Säuberungswelle wurde angekündigt, geleitet von General Ludwig Kübler und SS- und Polizeiführer Odilo Globocnik.

Immer mehr Männer und Frauen schlossen sich Titos Partisanen an, einer inhomogenen, in sich zersplitterten Gruppierung. »Patrioten, überzeugte Kommunisten, einige Abenteurer, andere, die weiter nichts gelernt hatten oder konnten oder immer schon auf einen Krieg gewartet hatten«, wie es Richard Swartz, Osteuropa-Experte und Autor, auf den Punkt bringt, »Leute, die sich für irgendetwas oder an irgendjemandem rächen wollten, und noch mehr Leute, denen nichts Besseres einfiel. Ein paar Tapfere waren auch darunter, allerdings bei Weitem nicht so viele, wie sich heraushalten wollten und nur deshalb einreihten, um sich als einer unter vielen verstecken zu können.«

Am liebsten im slowenischen Karst, in der Ćićarija oder im Gorski kotar nördlich von Rijeka, wo sich dichte Wälder, Schluchten und Höhlen als

Zufluchtsorte und Waffenlager anboten. Zwischen 1. Jänner und 15. Februar 1944 verübten Partisanen über hundertachtzig Anschläge, bei denen mehr als fünfhundert Soldaten ums Leben kamen. Vor diesem Hintergrund rief General Kübler zu einem Rachefeldzug auf. »Da gibt es nur eines: Terror gegen Terror, Auge um Auge, Zahn um Zahn. [...] Gefangene Banditen sind zu erhängen oder zu erschießen. Wer die Banditen durch Gewährung von Unterschlupf und Verpflegung, durch Verheimlichung ihres Aufenthaltes oder sonst durch irgendwelche Maßnahmen freiwillig unterstützt, ist todeswürdig und zu erledigen. [...] Dass im Kampf bisweilen auch Unschuldige mit Gut und Blut unter die Räder kommen, ist bedauerlich, aber nicht zu ändern.«

Ein Sturm bricht los. Neben Wehrmacht und Polizei werfen sich die gefürchteten, unmenschlich agierenden Karstjäger der Waffen-SS in die Schlacht. Im slowenischen Karst und in der Ćićarija wüten die Truppen mit besonderer Gewalt. Sie setzen Häuser und Dörfer in Brand, was zahlreiche Todesopfer fordert. Ein Denkzettel für alle Partisanen und deren Kollaborateure, die sich hier versteckt halten.

Vom Tschitschenboden wechseln die Deutschen auf die andere Talseite, ins Hinterland von Rijeka, und suchen die Bevölkerung mit ähnlichen Vergeltungsschlägen zu terrorisieren. Eine Form der Kollektivstrafe gegen Unschuldige. Ausnehmend hart trifft es dabei die Ortschaft Lipa. Die Bewohner der kleinen Gemeinde gelten seit jeher als renitent. Sie sind arm, treiben ein bisschen Ackerbau und Viehzucht und etwas Handel. Doch der Stolz auf die Vergangenheit stärkt ihr Rückgrat. Schon im Mittelalter war Lipa als Station auf der Postroute, die vom Norden in den Süden lief, geschätzt. Auf ihr kamen Nachrichten aus Wien und dem übrigen Habsburgerreich in die Adriaprovinzen, ein kultureller Austausch, der den Blick auf andere Lebens- und Denkweisen öffnete.

Eine Form der kroatischen Identität bildete sich in dieser Region erst in der zweiten Hälfte des 19. Jahrhunderts heraus, als eine Schule eröffnete, in der die Unterrichtssprache Kroatisch war. Nach und nach entwickelte sich ein von nationalen Gedanken getragenes Miteinander der Dorfbewohner. Entsprechend unglücklich war man, als die Gegend nach dem Ersten Weltkrieg an Italien fiel. Man setzte sich gegen die Eindringlinge zur Wehr. Die Italiener, irritiert vom Widerstand, errichteten zwei Armeebaracken: Fortan, so wurde beschlossen, würde man Lipa im Auge behalten und Unruhen rasch niederschlagen.

Nach der Kapitulation Italiens und der Gründung der Operationszone Adriatisches Küstenland erhielten die Partisanen auch hier regen Zulauf. Für die Karstjäger waren sie eine schwer einzuschätzende, bedrohliche Gruppe, die sich in einem für sie unzugänglichen Gelände verschanzt hatte. Sie beschlossen also, brutale und barbarische Exempel zu statuieren, um der Bevölkerung zu drohen und sie einzuschüchtern. Wie etwa in Lipa. Am Nachmittag des 30. April 1944 umstellten deutsche Truppen den Ort, trieben die Bevölkerung aus ihren Gehöften und begannen, Frauen zu vergewaltigen und zu töten. Als sie merkten, dass Eile geboten war, versammelten sie die noch lebenden Dorfbewohner gewaltsam im Haus der Familie Kvartika am Eingang der Kommune. Sie übergossen das Gebäude mit Benzin und warfen Brandbomben. Danach plünderten sie die übrigen Bauwerke und Ställe, legten Feuer und zogen mit dem Diebesgut und etwa dreihundert Stück geraubtem Vieh weiter: nicht ohne das Massaker noch bis in die Details fotografisch dokumentiert zu haben. Dies mit der Absicht, bis Berlin zu rapportieren, wie stahlhart und erbarmungslos man sich für die Anschläge auf die Bahnlinie nach Rijeka gerächt hatte. Zugleich aber dienten die Bilder als persönliche Souvenirs, als Zeugnisse deutschen Heldentums, wie man sie Freunden und Verwandten stolz präsentierte.

In den ersten Maitagen 1944 offenbarte sich das gesamte Ausmaß der Tragödie: Zweihundertneunundsechzig Menschen, größtenteils Frauen, Kinder und alte Männer, waren tot, das Dorf eine Brandruine. Lipa wurde zum Synonym für die Grausamkeit des Faschismus. Entsprechend entschied der neu begründete Staat Jugoslawien, hier einen Ort des Innehaltens zu schaffen. Das Dorf sollte nicht wieder aufgebaut werden, die Ruinen als Mahnmal erhalten bleiben. Doch dagegen wehrten sich jene, die zurückgekehrt waren: ehemalige Partisanen, die sich in den Stunden des Verbrechens in den Wäldern oder im Karst versteckt gehalten hatten, oder die Heimkehrer aus Gefangenschaft oder Konzentrationslagern. Also wurde entschieden, einige der ausgebrannten und zerstörten Häuser stehen zu lassen und in der einstigen Schule ein Museum einzurichten.

Ende der neunziger Jahre, der kroatische Staat hatte sich gerade erst neu konstituiert, wurde die als veraltet geltende Ausstellung geschlossen, gegen den Widerstand der Bevölkerung. Sie drängte auf eine Wiedereröffnung, dann freilich in einer historisch zeitgemäßen Struktur und Form. Das Museum von Lipa präsentiert sich heute mit einer architektonisch eindrücklichen Schau, die das Massaker des April 1944 auf beklemmend-sinnliche Weise nachzeichnet. Hinweise zur Geschichte der Region präsentieren sich in einem licht gestalteten Raum im Erdgeschoß. Wer die Treppen in das obere Geschoß hinaufsteigt, den empfängt eine Tonspur mit dem Stechschritt deutscher Soldaten vor der Kulisse einer Wand aus Wehrmachtshelmen: die Passage in einen dunkel und intim gehaltenen Saal, wo der Opfer gedacht wird. Jeder einzelne Name ist verzeichnet, auf Miniaturen ihrer Häuser und mit ihrer Adresse: eine leise und doch sprechende Erinnerung an jenen Nachmittag, da man Lipa auslöschte.

Gedenktafeln und Monumente entdeckt man auch in der Ćićarija an mehreren Orten. Etliche Dörfer wirken wie ausgestorben. Die Türen und Fenster der alten Steinhäuser sind verrammelt, keine Bar, keine Lokale, nichts. Die Landflucht ist groß, die Jungen haben hier wenig Perspektiven. Nur ein paar wenige Alte sprechen das Istrorumänische, eine fast tote Sprache. Zugleich aber sieht man etliche renovierte Gehöfte. Die steinernen Wälle rund um die Weiden sind neu hochgezogen, in den Gärten wachsen Kohl, Karotten und Lauch, auf den Feldern Mais und Kartoffeln. Vor den Häusern spielen Kinder. Hoffnungen keimen, die Urlauber haben den Reiz des Landstrichs entdeckt. Sportler finden hier ihre Abenteuerspielplätze in der Weite der unberührten Natur: auf den Hügeln der Bergrücken, in den Höhlen des Karsts, bei den Wanderungen über die Grate, die ins Učka-Gebirge übergehen, und hinauf auf den höchsten Gipfel, den Vojak, mit seinem Traumblick auf Rijeka, die Eilande der Kvarner Bucht und die Hügel und Ebenen Istriens. Hoch hinaus oder auch nicht: Ćićarija und Učka-Gebirge sind das steinerne Rückgrat der Halbinsel – und ein Zeichen dafür, wie es sich unter schwierigsten Bedingungen überleben lässt: indem man der Bora trotzt und der Welten Lauf.

Die Filme mit den Negativen der Fotos des Massakers von Lipa wurden in der Dunkelkammer von Silvestar Marož in Ilirska Bistrica ausgearbeitet. Seine Schwester Suzana erkannte ihren Wert, entwickelte heimlich zweite Abzüge, versteckte die Bilder und brachte sie so durch den Krieg. Mit ihnen kam ans Licht, was damals wirklich passiert ist. »Sage dieses große Wort, sage: Wahrheit. / Sie bedeutet, das Unkraut zu tilgen«, wie Vinko Antić in einem seiner Gedichte schreibt. »Es abzuschneiden. / Sie bedeutet, die Lüge zu schlagen, / Die Niedertracht und den Gestank, / Dem Menschen das Licht vom Dunkel zu scheiden.«

Ganze Tage in den Bäumen

Kulinarische Grenzgänge zwischen Bergen und Meer

So könnte er aussehen, der perfekte Tag. Zuerst ein Ausflug zum Kap Savudrija, wo die Wellen sanft gegen die Felsen schlagen. Eine kurze Siesta im Schatten des Leuchtturms und dann ein Spaziergang durch einen der Olivenhaine, in denen der Wind durch die Äste und Blätter der knorrigen Bäume säuselt. Und als delikater Ausklang ein Essen in einer *Konoba* in der Bucht von Piran: ein Stück gebratener Seebarsch oder eine Brasse mit Mangold oder Spinat, beträufelt mit Olivenöl aus einer der Manufakturen aus der Gegend. Und vielleicht – oder am besten? – von Mate.

Aleksandra Vekić lacht. Ja, so oder so ähnlich könnte auch ihr liebster Tag aussehen. Wenngleich derlei Mußestunden rar sind, Mate lässt ihr dafür wenig Raum. Aleksandra bewirtschaftet sechzig Hektar Land, verteilt auf die Dörfer Zambratija und Karigador und bepflanzt mit gut siebenundzwanzigtausend Olivenbäumen, die nach biologischen Prinzipien kultiviert werden und in der roten Erde wunderbar gedeihen. Wenn die Früchte von Ende September bis Anfang November geerntet werden, alles von Hand, versteht sich, landen sie noch am selben Tag in der Pressung: Das Öl, das in die Tanks und Flaschen fließt, ist Aleksandra Vekićs Lebenselixier. In ihm stecken Leidenschaft, Hingabe und Kreativität – und ihre Hochachtung vor dem Boden, in dem sie wurzelt. Ihr Öl bewahrt die Erinnerung an ihren Vater, dessen Erbe sie fortführt, mit der Eigenständigkeit einer kosmopolitisch und innovativ denkenden Frau.

Schon ihr Vater Mate – die Manufaktur ist nach ihm benannt – war eine Persönlichkeit mit großer Durchsetzungskraft, wie Aleksandra erzählt. Seine Vita spiegelt eine jener Biografien, wie sie so typisch sind für das Jugoslawien der Ära Tito. Geboren als Sohn eines Schafhändlers in einem Bergdorf nahe Split, sah er in Dalmatien kaum Chancen für seine beruflichen Vorhaben. Also zog er 1950 in den Nordwesten Istriens, damals Teil des Freien Territoriums Triest und eine Freihandelszone, was für ihn, den jungen Geschäftsmann, erhebliche Vorteile brachte. Und weil ihm Grundbesitz emotional wichtig war, erwarb er in der Ortschaft Zambratija ein Stück Land.

Mit den Jahren wuchs Mate Vekićs Unzufriedenheit mit der sozialistischen Regierung, die Wirtschaft stagnierte und sein Ehrgeiz fand kaum Betätigungsfelder. Also ging er nach Italien und wurde, nach einem Abstecher in die Toskana, in Triest sesshaft, wo er eine Sizilianerin kennenlernte und heiratete. Ein Sohn und zwei Töchter kamen zur Welt, alle drei erhielten die italienische Staatsbürgerschaft. Mate hingegen, der in der Textilbranche zu einem erfolgreichen Unternehmer aufstieg, behielt seinen jugoslawischen Pass: eine Form der Anhänglichkeit an seine Herkunft.

Eines Tages aber, die Familie war auf dem Weg nach Zambratija auf der Halbinsel Savudrija, wo mittlerweile ein kleines Ferienhaus auf sie wartete, wurde er an der Grenze zu Jugoslawien gestoppt. Und weil er wusste, dass häufige Grenzübertritte ungern gesehen waren, wendete er das Auto. Fortan wagte er es nicht, nach Istrien einzureisen, aus Sorge, man würde ihn vor Ort festhalten und nicht nach Italien zurückkehren lassen. Erst 1994, als Jugoslawien zerfallen war und der kroatische Unabhängigkeitskrieg an ein Ende zu kommen schien, stellte er Weichen. Gerade erst war sein Sohn auf tragische Weise gestorben. Nun orientierte er sich zurück in seine ursprüngliche Heimat, stieß seine Firmen ab und zog nach Zambratija, um seinen Traum von einer Olivenplantage zu leben: eine Form der Trauerarbeit und der Akt eines Philanthropen, der Istrien schon während des Krieges unterstützt hatte.

Zu jenem Zeitpunkt ist Mate Vekić fünfundsiebzig Jahre alt, ein initiativer Mann ohne Angst vor dem Weg, den er nun einschlägt. Er vertieft sich in historische Bücher, liest von den Römern, die erste Olivenhaine angelegt haben, und erfährt von Plinius, dass istrisches Öl, zusammen mit dem andalusischen, als teuerstes und bestes des Imperiums gerühmt wurde. Die Venezianer nutzten es als Handelsgut und belegten den Import des »grünen Goldes« mit hohen Zöllen, was den Dogen größere Einkünfte bescherte als die Einnahmen aus dem Absatz von Wein oder Fisch. Kurz vor dem Ersten Weltkrieg zählte man in der Region Triest, Istrien und Kvarner eine Million und siebenhunderttausend Olivenbäume mit über dreißig verschiedenen Sorten und gut hundertachtzig Mühlen: eine Blüte.

An sie will Mate Vekić anknüpfen. Die istrische Ölproduktion liegt damals am Boden. Der Zweite Weltkrieg und etliche Winter mit starkem Frost hatten den Bauern so heftig zugesetzt, dass sie Oliven nur mehr für den privaten Gebrauch pressten. Das möchte er nun ändern und pflanzt fünfundzwanzigtausend Bäume, zuerst in Zambratija, später auch in Karigador südlich von Umag, wo er weitere Flächen erworben hat: von der Kirche, der einzigen Institution, die bereit war, ihm, einem als Italiener geltenden Privatmann, eine Liegenschaft zu verkaufen.

In jener Phase, da sich ihr Vater in Istrien zu verwirklichen beginnt, ist seine Tochter Aleksandra in ganz anderer Mission unterwegs. Sie hat sich als Krankenschwester beim Internationalen Roten Kreuz verpflichtet: die perfekte Aufgabe für eine Frau mit einem großem sozialen und karitativen Anspruch an sich und ihr Tun, ob in Afghanistan, Ruanda, Äthiopien oder Simbabwe. »Neu anfangen an fremden Orten, neue Leute kennenlernen und ihre Mentalität, Menschen helfen: eine fantastische Erfahrung.« Bis sie 2009 die Nachricht erreicht, ihr Vater habe einen Schlaganfall erlitten.

Von einem Tag auf den anderen gibt sie ihre

Berufung auf und übersiedelt nach Zambratija, gemeinsam mit ihrem zweijährigen Sohn Samuel. Es gilt, den Patienten zu versorgen und die Ernte einzufahren. Dass Mate Vekić seine Passion als Landwirt aufgeben muss, ist schnell klar. Aleksandra überlegt nur kurz und springt hinein in einen ihr völlig fremden Alltag. »Eine Mission auch dies, das war mein Gedanke: Jetzt kümmere ich mich also nicht länger um kranke Menschen, sondern um Pflanzen, als alleinstehende Mutter mit kleinem Kind. Ich bin also geblieben – und immer noch hier.«

Und das ausgerechnet in Istrien, wo die Ölproduzenten fast ausnahmslos Männer sind und wo sie auf eine Gesellschaft trifft, die ihr und ihrem Ansinnen mit Skepsis und Misstrauen begegnet: Ob sie es schaffen würde, in die großen Fußstapfen ihres Vaters zu treten, eine Frau, die zwar gut Kroatisch spricht, doch ansonsten von Italien und dem Geist Mitteleuropas geprägt ist? Und die keine einschlägige Vorbildung hat?

Aleksandra wischt Vorurteile vom Tisch und wirft sich unerschrocken in die Herausforderung. Mate Vekić stirbt 2011. Nun ist die Tochter ganz offiziell Eigentümerin des Betriebs und trifft richtungsweisende Entscheidungen. Ein Teil der Olivenhaine ist in schlechtem Zustand, viele der Bäume sind abgestorben. Ihr Vater, der enge Kontakte mit der Toskana pflegte, hatte sich ursprünglich für Sorten entschieden, die er aus Pistoia bezogen hatte, vor allem Frantoio, Leccino und Pendolino. Aleksandra hingegen setzt vorzugsweise auf vergessene autochthone Sorten und kultiviert Buža, Istarska Bjelica, als Bianchera bekannt, oder Karbonaca. Ein Statement: Sie möchte Istrien zurückgeben, was es verloren hat. »Back to the roots«, so ihr Impetus. Sie beschließt, den Betrieb in Mate umzubenennen und für das Logo die Signatur ihres Vaters zu verwenden: eine Hommage. Zugleich zeigt sie ihre eigene Handschrift. Aleksandra stellt ausschließlich biologisches Öl her, und das in voller Transparenz. Die Mühle und die Lagerräume sind für Besucher zugänglich, lichte Hallen in modernem Design. »Manche sagen ja, es sehe dort aus wie in einer Apotheke. Doch für mich sind die Offenheit und Klarheit eine Botschaft nach außen: Ich zeige, wer ich bin und was ich mache.«

Die Linie, die sie verfolgt, hat schnell Erfolg. In Sachen Öl hängt Istrien am Rockzipfel Italiens. Wer die Testerinnen und Tester des »Flos Olei« überzeugt hat, des renommiertesten, in Rom publizierten Führers der Branche, hat es geschafft. Aleksandra Vekić ist das gleich mehrfach gelungen, zuletzt mit neunundneunzig von hundert Punkten. Ein sensationelles Ergebnis und zugleich ein Ansporn für Unternehmen wie Chiavalon, Oleum Maris oder Ipša, mit ihr mitzuziehen. In der Zwischenzeit ist Istrien, das sich in Sachen Oliven zu überraschender Größe aufschwingt, von »Flos Olei« wiederholt zur Top-Region in Sachen Öle gekürt worden und knüpft damit an jene Ära an, da Plinius seine glänzende Expertise abgab.

Im Schlepptau von Oliven und Wein, der eine ähnlich steile Karriere hingelegt hat, setzt Istrien zu Höhenflügen in Sachen Essen an. Klassiker der Balkan-Küche wie *Ćevapčići, Ražnjići* und *Burek*, Spanferkel oder Lammkoteletts vom Grill gibt es weiterhin. Doch Istrien hat sich emanzipiert, steht zu den eigenen kulinarischen Traditionen und ist damit zum Hotspot für Gourmets avanciert. Was sich nicht zuletzt auch Giancarlo Zigante verdankt. Er und seine Hündin Diana spürten am 2. November 1999 in den Wäldern nahe Livade die schwerste je geerntete weiße Trüffel auf. Eine Eilmeldung ging durch die Medien: ein Kilo einunddreißig deliziöses Glück. Und der Start jener Pilgerreisen verwöhnter Feinschmecker, die in der Gegend rund um Pazin, Buzet und Motovun die Seligkeit suchen. Von September bis Januar jagen sie in Restaurants und *Konobas* der kostbaren weißen Trüffel hinterher, vom Frühling bis in den Sommer hinein der etwas günstigeren schwarzen. Ganz gleich welche Farbe, die Knollen werden hauchdünn über Spaghetti, Gnocchi oder Rühreier gerieben, gerne über Schalentiere oder Steaks, oder für Liebhaber in Desserts wie köstliche Schokoladekuchen versenkt.

Für zu Hause gibt es die typisch istrischen Souvenirs: Käse, Balsamico oder Honig, mehr oder weniger großzügig mit Stückchen der deliziösen Pilze angereichert, die, wie die Etiketten versprechen, allesamt aus der Region stammen. Im Schatten der Trüffeln begann man, weitere Spezialitäten Istriens wiederzuentdecken und damit Gerichte, deren Reiz in der Vielfalt der Rezepte und der hohen Qualität der Grundprodukte liegt. Eine multikulturelle Küche, mit Einflüssen aus Italien und vom Balkan, aus dem Habsburgerreich und der Türkei. Am bekanntesten der *Pršut*, luftgetrockneter Schinken aus dem Karst, von der Bora gereift: eine Delikatesse, begehrt in aller Welt. Oder der wilde Spargel, die Fische aus der Adria, gegrillt und gebraten, und die Meeresfrüchte aus der Kvarner Bucht, genossen im *Brodet*, einer wunderbar aromatischen Fischsuppe. Austern und Jakobsmuscheln züchtet man im Limski-Kanal, das Boškarin-Rind, eine autochthone, fünfhundert Jahre alte Rasse, im Hinterland. Dort kommen meist Lamm, Wild und Schwein auf den Teller, vorzugsweise geschmort und begleitet von Pilzen und Polenta, Mangold, Bohnen, Auberginen und Tomaten, die mit reichlich Olivenöl abgeschmeckt sind. Wer Glück hat, trifft auf eine *Konoba*, wo das Kochen mit der *Peka* oder der *Črpnja* hochgehalten wird: Das Essen brät unter einer Blechglocke, die mit Glut und Asche bedeckt wird. So gart man Huhn oder Kalb schonend, und es bleibt unvergleichlich saftig.

Beliebt natürlich die Pasta, das Erbe der Venezianer: Spaghetti, Gnocchi, *Makaruni, Lazanje*, die istrische Bezeichnung für Bandnudeln, oder *Fuži*, gerne serviert mit Hühnerragout. Im Winter munden sättigende Suppen aus dem Gemüse der Saison, dank ordentlicher Mengen an Speck und Knoblauch herrliche Kalorienbomben. Und als Dessert Palatschinken und Strudel, eine Erinnerung an Rezepte aus Böhmen und Wien, süße Ravioli, mit einer Masse aus Eiern, Nüssen und Rosinen gefüllt, und krosse, in Fett herausgebackene Krapfen.

Auch Aleksandra Vekić beobachtet die Rückkehr zu den Rezepten der typisch istrischen Küche, wie sie in den ländlichen Lokalen auf den Speisekarten stehen und in Gourmet-Restaurants in kreativ-verfeinerter Form zu verkosten sind. Ein gutes Olivenöl, so ihr Credo, rundet die Gerichte erst wirklich ab. Wer ihrem Rat folgt und zu einem ihrer Fläschchen greift, dem eröffnet sich eine Reise quer durch die Halbinsel, beginnend am Meer. »Trasparenza marina«, eine Mischung aus Lecciono und Pendolino, bringt die Aromen der türkisblauen Adria auf den Tisch, duftet nach Artischocken und Kräutern und veredelt Fisch und Meeresfrüchte und helles Fleisch, Salate oder eine leichte Pasta. Sehr viel kräftiger der Gout von »timbro istriano« aus der Frantoio-Olive: ideal für Speisen wie Eintöpfe oder gebratenes Fleisch. Etwas herber »viola tonda« aus den Früchten der Buža-Bäume, perfekt zur Vollendung des Geschmacks von Gemüse oder gehaltvollen Meeresfrüchtesuppen. Deutlich milder »bianca bellezza«, erzeugt aus der Bianchera und bestechend durch die Anklänge an frisch geschnittenes Gras, Äpfel und grüne Mandeln: in kleinen Dosen der ideale Begleiter zu Fischvorspeisen oder Scheiben vom zart gegrillten Fisch oder Fleisch. Ja selbst Schokolade oder Joghurteis bekommen damit noch einen unerwarteten Kick.

»Ripristinare«, das war der Traum von Mate

Vekić: wiederherstellen, was in Istrien lange verschüttet war. Und damit anzuknüpfen an jene Zeiten, da man stolz war auf die fruchtbare rote Erde und das, was sie hervorbrachte. »Il futuro è nella terra«, unsere Zukunft steckt im Boden, sie ist unser Schatz: Das ist das Motto von Aleksandra. Die Arbeit sei ihr Leben, eine Form der Besessenheit, wie sie gesteht. »Es ist nie genug, aber so bin ich eben.« Sie selbst bleibt im Hintergrund. Keine Interviews für Zeitungen, keine TV-Auftritte. Anfragen gäbe es genug, sie ist ein Star der Szene. »Mein Öl spricht für mich.« Für Aleksandra Vekić und für Istrien. Das muss reichen. Und das tut es allemal.

Verloren in den Strudeln der Zeit

Das italienische Atlantis: Eine Geschichte von Liebe und Hass

So bleibt Atlantis auf dem Meeresgrund verloren, von Algen und Muscheln bedeckt, leuchtend wie Früchte aus buntem Glas.

Marisa Madieri,
Wassergrün – Eine Kindheit in Istrien

Der Cappuccino zum Frühstück, die Tramezzini als Mittagssnack und zwischendurch ein Gelato al limone oder alla nocciola. Abends Spaghetti vongole oder ein Branzino, in der Salzkruste gebacken, serviert von einem Kellner, der perfekt Italienisch spricht und charmant zu flirten weiß. Istrien als östlichster Außenposten Italiens: kein Wunschtraum. Einmal kurz die Augen schließen, die Zehen in die Wellen strecken, und schon haben wir Paolo Conte oder Adriano Celentano im Ohr. Unter den Touristen, die ins dolce far niente abtauchen, sind auch viele Italiener. Sie schwärmen von den Stränden und Buchten und dem türkisgrünen Wasser, das hier sauberer ist als in ihrer Heimat, und lieben das Essen: fast wie zu Hause. Begeisterte Urlaubsgäste. Zugleich kommen jene, die in ganz anderer Mission unterwegs sind. In den Dörfern im Hinterland, die malerisch, wenngleich unerbittlich altern, streunen sie durch die Gassen, fragen nach den Namen und Adressen von früher und erkunden die Friedhöfe in der Hoffnung, dort Spuren ihrer Familien zu entdecken und damit ihre eigenen Wurzeln. Gut dreihunderttausend Italiener haben Istrien, Fiume und die dalmatinische Küste nach 1943 verlassen: ein Exodus, dessen Wunden nur schwer verheilen.

Es ist einer dieser Nachmittage, auf die man sich schon lange freut. Ein strahlender Sonntag, endlos blauer Himmel über Pula. Perfektes Wetter für Wasserratten. Der italienische Sportverein Pietas Julia hat gerufen, in Vergarola den sechzigsten Jahrestag seiner Gründung zu feiern, das Fest verspricht einer der Höhepunkte des Sommers zu werden. Von der Küste aus beobachten die Zuschauer die Wettbewerbe der Schwimmer, die um die begehrte Coppa Scarioni kraulen, und feuern ihre Favoriten an.

Eine unbeschwerte Heiterkeit liegt über der Szenerie. Der Krieg ist vorbei, der Alltag zurück. Nach und nach kündigen sich friedvollere Zeiten an, auch wenn das Zusammenleben der nationalen Gruppierungen alles andere als reibungslos verläuft. An jenem 18. August 1946 aber will man Ängste vergessen und in die Fröhlichkeit der Festivitäten abtauchen. Bis kurz nach vierzehn Uhr eine mächtige Detonation das Ufer erschüttert und eine Rauchsäule die Sonne verdunkelt. Im Pinienwald hinter dem Strand muss eine Explosion stattgefunden haben. Es regnet Staub und Erde, wenig später stürzen sich die Möwen auf die Leichenteile, die im Wasser treiben.

Von mindestens fünfundsechzig Toten und mehr als fünfzig Verletzten sprechen die Behörden. Bei der Untersuchung des Tathergangs und seiner Hintergründe geben sie sich zurückhaltender. Es waren wohl achtundzwanzig Minen mit neun Tonnen Sprengstoff explodiert, die Ursachen für das Unglück werden nie wirklich aufgeklärt. An sich, so heißt es, sind alle Minen in und um Pula im Beisein der Alliierten entschärft worden, die gängige Praxis bei der Lagerung von Kriegsmaterial. Doch irgendjemand muss einige entwendet und die Zünder wieder angebracht haben. Der britische Geheimdienst observiert schon seit Monaten Terrorgruppen, die im Auftrag des jugoslawischen Geheimdienstes in ganz Istrien operieren. Am 19. Dezember 1946 berichtet er, dass das Attentat von Vergarola ein Sabotageakt gewesen sei, und nennt die Namen von zwei verdächtigen Tätern. Weiterführende Ermittlungen werden eingestellt: Will man Tito nicht provozieren? Das Auswandern der Italiener, das schon begonnen hat, nicht stören?

Die Stimmung ist angespannt. Schon seit Jahren ist die italienische Ethnie regelrechten Vergeltungsfeldzügen ausgeliefert. Darin steckt der Hass jener, die sich an Mussolini rächen wollen: Istrien war 1920 mit dem Vertrag von Rapallo an Italien gefallen. Als die Faschisten an die Macht gelangten, installierten sie eine Schreckensherrschaft und entschieden, Minderheiten systematisch zu schwächen. Unruhen wie der Aufstand von Labin, wo sich Bergarbeiter verschiedener Herkunft gegen schlechte Arbeitsbedingungen zur Wehr setzten, wurden niedergeschlagen und eine systematische Italianisierung durchgepeitscht. Man unterdrückte die kroatische und die slowenische Sprache, schloss Schulen und ging mit Härte gegen antifaschistische Kundgebungen vor. Tausende Verfolgte verließen das Land oder wurden deportiert.

Schon während des Zweiten Weltkriegs kam es deshalb zu Racheakten, die sich im Mai 1945 weiter intensivierten. Mehrere Tausend Zivilisten wurden inhaftiert und dann in Karstlöcher geworfen, wo sie qualvoll umkamen. Andere wurden zur Ausreise gezwungen oder optierten freiwillig für die Emigration. Wer sich nicht von Haus und Hof trennen mochte, sah sich Terrorakten wie dem Anschlag von Vergarola gegenüber.

Der Friedensvertrag von Paris, unterzeichnet am 10. Februar 1947, brachte neue Befürchtungen, denn der Nordwesten der Halbinsel, bisher Teil des Freien Territoriums Triest, sollte an Jugoslawien gehen. Eine neue Welle der Angst vor Repressionen brandete auf, vor Enteignungen und diskriminierender Besteuerung. Nun bahnte sich ein regelrechter Exodus an, Tag für Tag pendelten Schiffe und Züge nach Triest und Venedig.

Die bis 1960 dauernde Massenflucht, der sich auch slowenische und kroatische Nicht-Kommunisten anschlossen, wurde zum Trauma, Triest ein erster zentraler Anlaufpunkt. Etliche der oft ungeliebten *Esuli* reisten von dort gleich weiter in den Süden Italiens, nach Südamerika oder in die USA.

Wer nahe der Grenze heimisch wurde, schaute sehnsüchtig übers Meer. »*Kunfini su naša propela*«, wie es einem der Gedichte von Miroslav Sinčić heißt. »Die Grenzen sind unser Kreuz / wir tragen sie / auf unserem Kreuzweg / vor der Stirn / vor dem Auge / und vor dem Gedanken.«

Nur etwa zwanzigtausend italienischstämmige Bürgerinnen und Bürger fügten sich in Titos Regentschaft, ohne auf Minderheitenrechte pochen zu können. Ihre Kultur aber ließ sich nicht ins innere Exil schicken, sie lebt bis heute weiter, auch in der Sprache, in der sich etliche Begriffe als Lehnwörter gehalten haben: die *Manestra*, eine Minestrone, oder die *Kalcete*, Wollstrümpfe für Männer, abgleitet von den calze. Erst seit dem Auseinanderbrechen Jugoslawiens macht man Anläufe, das Italienische wieder stärker im Alltag zu verankern, als Wesen der regionalen Identität. Rovinj, Poreč oder Piran sind inzwischen wieder quirlige Städtchen mit Cafés, Bars und Gelaterien wie in Italien, zweisprachigen Ortsschildern und Speisekarten.

Schwieriger ist die Situation auf dem Land, wo etliche Dörfer verwildert und verwahrlost wirken. Wie Završje oder Piemonte d'Istria, so der italienische Namen der Gemeinde, deren Schicksal so typisch ist für viele istrische Ortschaften. Završje ist eine bis in die Antike zurückreichende Siedlung auf einem Abhang oberhalb der Mirna, wo die Römerstraße vorbeizog. Das Kastell mit Turm thront über den Dächern der steinernen Häuser, die den Jahrtausenden und den Machthabern getrotzt haben, selbst dem Verkauf an die Contarini, reichen Adeligen aus Venedig. Bei einer Auktion ersteigerten sie 1530 gleich das ganze Dorf samt Bewohnern und herrschten von der Festung aus über die neuen Untertanen. Deren Arbeitskraft und die Ressourcen der Gegend wusste man lukrativ zu nutzen.

Einen wirtschaftlichen Aufschwung erlebte die Gemeinde erst unter den Habsburgern. 1902 wurde die Bahnlinie der Parenzana eröffnet, der Zug hielt in Završje. Fortan wurden hier Wein und Öl verladen und nach Wien und in die anderen Städte der k. u. k. Monarchie gebracht, was den Bauern einen zumindest bescheidenen Wohlstand verschaffte. In jenen Tagen florierte die Gemeinde und besaß eine Schule, eine Poststelle, zwei Geschäfte, eine Ölmühle und etliche Handwerksbetriebe. In stolzen sechs Kirchen und Kapellen dankte man Gott für die Segnungen der modernen Zeiten und betete für eine glückliche Zukunft.

Vergeblich. Die fetten Jahre währten nicht langen, die Parenzana wurde 1935 eingestellt. Ein neuerlicher wirtschaftlicher Abstieg setzte ein, den der Auszug der italienischen Familien und die Landflucht besiegelten. Ein Gutteil des Ortes ist inzwischen zum Geisterdorf verkommen. Wo die einstigen Hausbesitzer gestorben und die Verbindungen mit den Nachfahren abgerissen sind, kümmert sich niemand um die leerstehenden Gebäude und brachliegenden Felder. Die Dächer sind undicht oder von den Stürmen abgetragen, die ehedem kunstvoll aufgeschichteten Steinmauern stürzen in sich zusammen. Fensterrahmen und Türen hat man herausgebrochen und als Baumaterial weiterverwendet. Der Verfall ist kaum aufzuhalten. Die Wurzeln mächtiger Bäumen sprengen die Fundamente, Äste von Eichen und Kastanien wachsen aus den Fenstern. Heckenrosen, Flechten und Moos kriechen über das Gemäuer der Kapellen. Auf dem Friedhof sind Gräber unter Efeu und Gestrüpp verschwunden, niemand da, der für sie sorgt. Ein Stück Geschichte, von der Natur überwuchert.

Doch Završje gibt nicht auf. Die Pfarrkirche Maria Geburt wurde zwischen 1792 und 1892 errichtet, für damals gut neunzig Familien. Sie ist gespenstisch groß angesichts der knapp vierzig Menschen, die heute noch hier wohnen. Doch es werden wieder mehr, wie es scheint. Wer mit den Katzen durch die Gassen streunt, entdeckt rote Geranien vor den Fenstern mit den bunten Läden, in den Gärten blühen Oleander und Lavendel. Das Leben kehrt ein Stück weit zurück, leise Hoffnung keimt: Seit Kroatien Mitglied der EU ist, scheint manches leichter, auch der Grunderwerb. Das istrische Hinterland gewinnt Liebhaber, die sich hier niederlassen, die alten Häuser restaurieren und sie in Feriensitze verwandeln. Auch wenn dies bedeutet, dass die Eigentümer nicht ständig dort leben.

Es sei denn, es gelingt, die Zuzüglinge ganzjährig an ihr neues Zuhause zu binden. Grožnjan, eine der Nachbargemeinden von Završje, hat vorgemacht, wie es gehen könnte mit der Revitalisierung eines verloren geglaubten Städtchens. Der frühere

Verwaltungssitz der Venezianer, Grisignana auf Italienisch, war berühmt für seinen Marmor, eine dereinst prosperierende Kommune mit Wehranlagen, Palästen und Kirchen, Loggien, Durchgängen und Türmen. Nach dem Auszug der Italiener blieb Grožnjan wie ausgestorben zurück. Bis in den sechziger Jahren eine Künstlergruppe auf Herbergssuche das Potenzial der alten Gemäuer erkannte und bei den Behörden vorsprach. Man handelte einen Vertrag aus: Gegen das Versprechen, die Altstadt zu erhalten und zu renovieren, wurde den dreißig Bildhauern, Malern und Literaten, die sich dauerhaft hier ansiedeln wollten, gestattet, die baufälligen Häuser in Besitz zu nehmen.

Heute ist Grožnjan zur Künstlerkolonie angewachsen. Das pittoreske Städtchen hat knapp zweihundert Einwohner und über vierzig Ateliers und Galerien, wo Bilder, Keramik oder auch Kunsthandwerk feilgeboten werden. Die sommerlichen Workshops und Meisterkurse und das Festival »Jazz is back« ziehen Touristen an. Sie flanieren durch die Gassen und hängen in den Cafés ihren Gedanken an das Gestern und Vorgestern nach. An so idyllischen Plätzen wie diesen liegen Träume nur ein paar Atemzüge entfernt.

Es sind Illusionen, längst nicht alles war damals besser. Das Massaker von Vergarola gehört zu den dunklen Stellen in den Annalen Pulas. Istrien und die Region der Kvarner Bucht haben die Gedanken an den Schrecken der Nachkriegsära und des Exodus beharrlich in die Tiefen des Unbewussten geschoben. Das Verdrängte aber, Farben, Klänge, Gerüche, ließ sich nicht einsperren und verschaffte sich Raum. So hat es auch Marisa Madieri erfahren, 1938 in Fiume geboren und 1947 mit ihren Eltern unter jenen, die sich im Exil wiederfanden. »Die Zeit […] dehnt sich jetzt aus zu leichten Stunden, weitet und vertieft sich und füllt sich mit Echos und Erinnerungen, die sich nach und nach zu einem Mosaik zusammenfügen; sie kommen in kleinen Strudeln aus einem unbestimmten Magma herauf, das sich lange Jahre in einem dunklen, nie ausgeloteten Grund angesammelt hat.« Um dann neuerlich zu verschwinden, unterzugehen in den Tiefen der Zeit, im Vergessen. »So bleibt Atlantis auf dem Meeresgrund verloren, von Algen und Muscheln bedeckt, leuchtend wie Früchte aus buntem Glas.«

Schritt für Schritt im rechten Takt

Danse macabre oder: Ein Hoch aufs Leben!

Und hoch das Bein, Schritt für Schritt im rechten Takt, die Musik im Ohr. Und bloß kein Streit um die besten Plätze im Reigen, kein lautes Wort, das den Frieden stört. Die Polonaise der Toten. Kaiser und Papst, König und Bischof, Edelmann, Bürger und kleiner Mönch, alle haben sie den Blues im Blut und tänzeln dem Abgrund entgegen. Dort wartet Gevatter Tod, sitzt grinsend auf seinem steinernen Thron und hebt die Hand, um seine neuen Untertanen zum offenen Grab zu rufen. Schaufel und Harke liegen bereit. Ein paar Minuten noch, und Honoratioren und Bettler werden unter der Erde verschwinden. Im Tod sind sie alle gleich, ihm entkommt niemand.

Der Danse macabre, ein frivoles Memento mori. Und darin eines jener berückenden Sujets, die auf den farbenprächtigen Fresken ungewöhnlich vieler Kirchen zu bewundern sind. Wandmalereien zählen neben der frühbyzantinischen Euphrasius-Basilika von Poreč zu den bedeutendsten Kunstschätzen Istriens: weit über die Grenzen hinaus berühmte Kostbarkeiten, wie sie andernorts längst verschwunden sind.

Etliche von ihnen geben Rätsel auf. Woran liegt es wohl, dass man hier so oft auf das Motiv des

Totentanzes zurückgriff, um an die Vanitas zu erinnern? Weil die Lebenslust sündhaft groß war, und der Hochmut, sich über den Teufel zu erheben, ein oftmaliges, verachtenswertes Vergehen? Oder weil die Bedrohung durch Krankheiten und Unglücksfälle furchteinflößender Teil des Alltags war – und der Gedanke an den Tod steter Begleiter im ohnehin kurzen Dasein: zusammen mit dem Glauben, der Gnade vor dem Jüngsten Gericht versprach, die Erlösung von allen Sünden und den Eingang ins Himmelreich.

Fragen wie diese rühren ans Wesentliche des Menschseins. An den Wänden der Gotteshäuser, wo die prächtigsten Zeugnisse einer Biblia Pauperum, der Bibel der Armen, prangen, finden sich Antworten: in den Szenen aus dem Alten und dem Neuen Testament, illustriert für jene, die nicht lesen konnten oder keinen Zugang zu Manuskripten hatten. Istriens Fresken, deren schönste aus Romanik, Gotik und Renaissance stammen, spiegeln eine Zeit, da die Kunst ein Tor zur Welt öffnete. Maler aus Süddeutschland oder Italien – etliche von ihnen nicht mit Namen bekannt – brachten Handwerk und Inspirationen mit, Einflüsse aus byzantinischen Traditionen vermischten sich mit Elementen der nord- und mitteleuropäischen Bilderwelten.

Mit- und hinreißende Gemälde im Dienste des Klerus, der seine Schäfchen in den Pferch lockte und dort festhielt. Und als Verführung, sich unter den Schutzmantel des Katholizismus zu retten, musste die Furcht vor Tod, Fegefeuer und Hölle herhalten. Künstler wurden beschworen, Angst und Schrecken plastisch darzustellen. Wie etwa in der Kirche zur Heiligen Dreifaltigkeit in Hrastovlje, in einer Gegend im Hinterland von Koper und Piran, die als karg-idyllisches middle of nowhere durchgehen könnte. Ein abgeschiedenes Tal, beschirmt von dichten Wäldern, die im karstigen Boden wurzeln. Auf den Weiden grasen Esel und Ziegen, das dichte Gestrüpp leuchtet in den Herbstfarben. Ein letztes Sich-Aufbäumen der Natur, ehe der Winter ins Land zieht. Geschützt vor den Stürmen das Flussbett der Rižana mit seinen Weingärten: Refošk, Muškat oder Cabernet Franc. Ein Gläschen aufs Leben!

Vor der Verkostung aber warten die Toten. In einer Trutzburg schirmen sie sich von der Welt ab, in einer von dicken Mauern umschlossenen Bastion, mit Schanzen und Schießscharten und den Überresten früherer Türme. Nur ein schmales Tor öffnet sich als Einlass in den Kirchhof. Dort, fast wie ein Findling, das kleine, nur zwölf mal sechs Meter große Gotteshaus, aus groben Kalksteinen errichtet, mit dicken Platten gedeckt und darin als Festung in jenen Zeiten erbaut, da die Osmanen über Istrien hereinbrachen und kriegerische Gemetzel drohten. Doch so wehrhaft, ja fast grob und abweisend sich das Kirchlein gibt, in seinem Inneren wohnt ein zartes Wunder: über und über mit Bildern überzogene Wände. Die Schöpfungsgeschichte, die Vertreibung aus dem Paradies, die zwölf Apostel, die Heiligen Drei Könige, die Passion Christi.

Höhepunkt der Szenerie ist der Totentanz des Meisters Johannes aus Kastav, Sohn eben jenes nicht minder berühmten Vincent aus Kastav, der nördlich von Beram das Kirchlein Maria im Fels mit einer ähnlich packenden, etwas volkstümlicheren Variante des Sujets geschmückt hat. Die Fresken von Hrastovlje sind ein wenig jünger und eleganter in der Ausführung. 1490 entstanden, wurden sie im Lauf der Jahrhunderte gleich mehrfach übermalt und übertüncht und gerieten so in Vergessenheit. Bis man sie 1949 unter sieben Schichten von Farbe und Putz aufspürt und freilegte und renovierte. Das farbenfrohe, bis in die Details durchgestaltete Fries schickt alle auf ihren letzten Weg: die Königin in ihrem leuchtend roten Gewand, den einfachen Mönch mit der Bibel unter dem Arm, den Lahmen mit der Krücke und den Jüngling mit dem kessen Hütchen, für ein paar Momente noch in voller Manneskraft und mit keck erhobenem Bein. Sie alle hüpfen und hopsen dem Tod in die Arme. Ein Fresko als Mahnmal: Carpe diem. Es kann schnell vorbei sein.

Direkt darunter eine Inschrift. Merkwürdige Lettern, wie wir sie in Istrien und auf den Inseln der Kvarner Bucht immer wieder entdecken, sofern sie sich überhaupt zeigen. Oft verstecken sie sich an den von Flechten überwucherten Mauern, wenn sie nicht einfach im Schatten der Fresken verschwinden. Nur wer aufmerksam hinschaut, wird die Zeichen bemerken: ein winziges Dreieck, auf zwei Kreisen ruhend, eine Art Monokel für eine etwas kräftigere Nase oder ein Schwert, grob und ohne

Verzierungen. Über vierzig Symbole, wie wundersam dekorative Elemente in Steintafeln geritzt oder in den frischen Putz gezeichnet. Mysteriöse Botschaften, kaum mehr zu entschlüsseln.

Was als Nachricht aus fernen Welten vor unseren Augen auftaucht, ist die Glagoliza, die älteste slawische Schrift, entstanden in jenen Tagen, da die Missionierung durch Kyrill von Saloniki und seinen Bruder Method ihren Anfang nahm, die im 9. Jahrhundert den gesamten slawischen Raum erfassen sollte. Schon mit dem Jahr 380 n. Chr., als der Katholizismus zur Staatsreligion des Imperium Romanum erhoben worden war, hatte sich in Istrien eine – bisher nur spärlich belegte – zögerliche Christianisierung angebahnt, wovon die Gründung der Bistümer von Poreč und Pula berichten. Durch die Bemühungen von Kyrill und Method aber bekam die neue Konfession breiteren Zuspruch.

Als die beiden byzantinischen Gelehrten und Theologen nach Pannonien und Mähren entsandt wurden, begannen sie, die Evangelien und liturgische Texte für diese Region zu übersetzen, und stießen dabei schnell auf Hürden. Sie bemerkten, dass das griechische Alphabet für das Slawische wenig geeignet war, weshalb sie eine neue Schrift entwickelten, um die Gläubigen direkter zu erreichen. Sie verwendeten dafür die griechischen Kleinbuchstaben, stützten sich auf kaukasische und semitische Lettern und passten sie bei den Lauten dem Slawischen an, um damit dessen kulturelle Eigenständigkeit zu betonen.

Schüler der beiden Slawenapostel, wie man sie nannte, verbreiteten die Glagoliza weiter, was Papst Innozenz IV. schließlich dazu bewegte, sie 1248 offiziell anzuerkennen. Besonders Krk und Städtchen wie Hum, Roč und Beram stiegen zu Zentren altkirchenslawischer Gelehrsamkeit auf. Fortan verfasste man Messbücher, Breviere und historische Dokumente auf Glagolitisch, darunter das erste in Kroatien gedruckte Buch, das Missale von Fürst Novak, um 1483 erschienen. Und selbst die Reformation bediente sich dieser Schrift, als der istrische Philologe, Philosoph und Theologe Matija Vlačić in Wittenberg zu einem von Luthers Weggefährten aufstieg. Was neue Impulse nach Istrien zurückbrachte. Von Deutschland aus, wo man protestantische Werke auf Glagolitisch druckte, gelangten die ketzerischen Abhandlungen bis ins slawische Sprachgebiet, wo sie über lokale Verleger weiterverbreitet wurden.

In den darauffolgenden Epochen aber verblasste die Glagoliza, vornehmlich durch die Weisung Roms, das Lateinische durchzupeitschen und damit die päpstliche Autorität zu bekräftigen. Das Glagolitische aber behauptete sich dann doch, je nach Epoche im Untergrund oder ganz offen, und blieb Teil der kroatischen Kultur: aufgerufen nicht nur von Nationalisten, sondern auch von Schriftstellern und Bildhauern. Wie etwa zwischen Hum und Roč, wo der Künstler Želimir Janeš die glagolitische Allee geschaffen hat, mit überdimensionalen Lettern, die er in Skulpturen eingepasst hat. Ein Stück Land-Art zwischen Bäumen und Wiesen, mit Nachrichten jenseits aller Idyllen. Die Stationen erinnern an Epochen und Ereignisse, da man sich und sein Erbe zu verteidigen hatte, um Rückgrat zu zeigen und sich treu zu bleiben. Davon erzählt das Denkmal für Widerstand und Freiheit besonders eindringlich: drei Würfel, als Zeichen für Altertum, Mittelalter und Neuzeit, übereinandergeschichtet, ein Symbol für Istriens Weigerung, sich und seine Identität brechen zu lassen.

Und die geheimnisvolle glagolitische Inschrift unter dem Totentanz in Hrastovolje? Dieses Rätsel zumindest ist einfach zu lösen: Es ist die Signatur des Künstlers. »Bemalung abgeschlossen am 13.7.1490 – Maestro Giovanni de Castua«. Und vielleicht steckt in dieser kurzen Notiz auch ein Aufruf an die Mit- und Nachwelt. Jeder einzelne Tag ist es wert, festgehalten zu werden. Carpe diem, genießt ihn, mit allen Sinnen, in Heiterkeit und Gelassenheit, beim Tanz. Der Tod gibt Takt und Schritte vor. Das Leben aber spielt die Musik.